QIYE YINGDUI HAIWAI ZHISHI CHANQUAN MAOYI BILEI WENTI YANJIU

企业应对
海外知识产权贸易
壁垒问题研究

广东省WTO/TBT通报咨询研究中心
组织编写

知识产权出版社
全国百佳图书出版单位
北京

图书在版编目（CIP）数据

企业应对海外知识产权贸易壁垒问题研究 / 广东省 WTO/TBT 通报咨询研究中心组织编写 . —北京：知识产权出版社，2021.12
ISBN 978-7-5130-7900-6

Ⅰ . ①企… Ⅱ . ①广… Ⅲ . ①知识产权—贸易壁垒—研究—世界 Ⅳ . ①D913.404

中国版本图书馆 CIP 数据核字（2021）第 241541 号

内容提要

本书以我国对外贸易依存度最高的广东省为研究对象，通过实地走访调研，掌握了大量一手数据资料，梳理了企业在欧美发达国家和"一带一路"沿线国家遭遇的主要知识产权贸易壁垒类型，分析企业应对知识产权壁垒过程中遇到的主要困难，剖析深层次原因，并提出相关对策和建议；同时选取不同行业的案例，详尽分析其在遭遇海外知识产权壁垒时的应对策略。

本书可作为知识产权工作者、高校科研人员参考用书。

责任编辑：许　波　　　　　　　　责任印制：刘译文

企业应对海外知识产权贸易壁垒问题研究
QIYE YINGDUI HAIWAI ZHISHI CHANQUAN MAOYI BILEI WENTI YANJIU

广东省 WTO/TBT 通报咨询研究中心　组织编写

出版发行：	知识产权出版社 有限责任公司	网　　址：	http://www.ipph.cn
电　　话：	010-82004826		http://www.laichushu.com
社　　址：	北京市海淀区气象路 50 号院	邮　　编：	100081
责编电话：	010-82000860 转 8701	责编邮箱：	xubo@cnipr.com
发行电话：	010-82000860 转 8101	发行传真：	010-82000893
印　　刷：	天津嘉恒印务有限公司	经　　销：	各大网上书店、新华书店及相关专业书店
开　　本：	720mm×1000mm　1/16	印　　张：	13.75
版　　次：	2021 年 12 月第 1 版	印　　次：	2021 年 12 月第 1 次印刷
字　　数：	200 千字	定　　价：	78.00 元
ISBN 978-7-5130-7900-6			

出版权专有　侵权必究
如有印装质量问题，本社负责调换。

本书编委会

主　任　陈　权
顾　问　张学军　宋宗宏
主　编　魏雅丽
编　委　谢　欢　吕津晶　雷旭升　吴潘宇

编写说明

改革开放 40 多年，特别是加入 WTO 以来，中国对外贸易和社会经济快速发展，已成为世界第二大经济体、世界第一大出口国和第二大进口国。随着我国企业"走出去"步伐的加快和海外出口份额的不断增长，企业在海外遭遇的知识产权贸易壁垒问题越来越多。

创新是引领发展的第一动力，保护知识产权就是保护创新。本书以我国对外贸易依存度最高的广东省为研究对象，通过实地走访调研，掌握了大量一手数据资料，梳理了企业在欧美发达国家和"一带一路"沿线国家遭遇的主要知识产权贸易壁垒类型，分析企业应对知识产权壁垒过程中遇到的主要困难，剖析深层次原因，并提出相关对策和建议；同时选取不同行业的案例，详尽分析其在遭遇海外知识产权壁垒时的应对策略。

本书包括七章内容：第一章简述知识产权贸易壁垒的内涵、主要特征和表现形式；第二章阐述广东省企业遭遇海外知识产权贸易壁垒的现状；第三章分析了广东省企业应对知识产权贸易壁垒存在的主要问题；第四章分析广东省企业面对海外知识产权贸易壁垒时应对不力的主要原因；第五章提出提升广东省企业应对知识产权贸易壁垒能力的对策建议；第六和第七章为案例分析内容，具体剖析了战略性新兴产业（通信设备制造业）和传统制造业（打印耗材行业）涉诉企业真实案例，并选取不同裁决结果的案件，深入分析了当事双方的应诉策略，以期为政府相关部门、商协会、企业等提供参考。

本书前期进行了大量的准备工作，从撰写到结稿历时一年多，数易其稿，是编委会全体成员辛勤劳动的成果和集体智慧的结晶。参编者有魏雅丽（第一章、第二章、第五章、第六章第一节、第三节、第四节第二部分和第七章第一节）、谢欢（第三章、第六章第二节、第七章第四节）、吕津晶（第四章、第七章第二节）、雷旭升（第六章第四节第一部分）、吴潘宇（第七章第三节）。全书由陈权整体把控，魏雅丽统稿，魏雅丽和谢欢审核、校对。

　　本书内容的研究和编写，得到了广东省市场监督管理局（知识产权局）、广东省WTO/TBT通报咨询研究中心主要领导的指导、关心和支持；金杜律师事务所律师张学军、广东省社会科学院副研究员宋宗宏两位老师从框架结构到措辞表述均给予很多宝贵意见；华南理工大学教授关永红、华南师范大学教授于群、广东省知识产权保护中心维权部部长彭雪辉、广东省海外知识产权保护促进会原秘书长周德东、广东省知识产权研究会常务副秘书长张雅莲、广东专利代理协会副会长李卫东、广州粤高专利商标代理有限公司董事长任重、广东国智律师事务所副主任徐嵩、广信君达律师事务所律师黎志军、华进律师事务所律师周清华、翰锐律师事务所律师赵俊杰、广东骏思律师事务所律师华辉、广州三环专利商标代理有限公司律师曾赟、京信通信系统控股有限公司总监汪玮玮、美的集团股份有限公司顾问王明红、纳思达股份有限公司总监韦胜雨等从不同侧面提出了大量专业性建议；王珮琦和范争在数据收集和整理方面做了大量工作。在此谨向各位领导、老师和同人的指导和支持表示诚挚的感谢！最后，感谢知识产权出版社为本书的编辑出版所做的大量工作！

　　因时间仓促、水平有限，本书还存在许多不足之处，希望读者不吝赐教，提出宝贵意见和建议。

本书编写组
2021年3月于广州

目 录

① **第一章**
知识产权贸易壁垒：内涵、主要特征与表现形式

3 | 第一节　知识产权贸易壁垒的内涵

5 | 第二节　知识产权贸易壁垒的主要特征

7 | 第三节　知识产权贸易壁垒的表现形式

⑨ **第二章**
广东省企业遭遇海外知识产权贸易壁垒现状

11 | 第一节　广东省企业在欧美日韩等发达经济体遭遇知识产权贸易壁垒情况

31 | 第二节　广东省企业在"一带一路"沿线国家遭遇知识产权贸易壁垒情况

㉟ **第三章**
广东省企业应对知识产权贸易壁垒存在的主要问题

37 | 第一节　企业知识产权管理不完善

39 | 第二节　企业海外知识产权保护力度不够

40 | 第三节　不熟悉海外目标市场国家知识产权法律环境

42 | 第四节　缺少应对知识产权贸易壁垒的高素质综合性人才

46 | 第五节　海外维权成本高

第四章
广东省企业面对海外知识产权贸易壁垒应对不力的主要原因
53

55 | 第一节 企业核心技术知识产权创新能力不足

59 | 第二节 中小型企业应对海外知识产权贸易壁垒能力有限

61 | 第三节 知识产权领域基础设施和人才匮乏

63 | 第四节 部分企业尚未培养出世界著名品牌

64 | 第五节 发达国家自身知识产权优势大，法律体制完善，具备实施知识产权贸易壁垒的能力

第五章
提升广东省企业应对知识产权贸易壁垒能力的对策和建议
67

69 | 第一节 加快突破关键核心技术，提升企业创新能力

71 | 第二节 多管齐下，提升中小型企业的应对能力

73 | 第三节 加强海外知识产权纠纷风险预警机制建设

75 | 第四节 加大知识产权能力建设，提升企业应对海外知识产权贸易壁垒的能力

77 | 第五节 提升知识产权人才培养的规模和素质

第六章
广东省通信设备制造业应对美国知识产权贸易调查案例
79

82 | 第一节 广东省通信设备制造业遭遇美国"337调查"情况

86 | 第二节 337-TA-800 案件分析

110 | 第三节 337-TA-1053 案件分析

137 | 第四节 337-TA-1029 案件分析

151 第七章
广东省打印耗材行业应对美国"337调查"案例

153 | 第一节　广东省打印耗材行业遭遇美国"337调查"情况

157 | 第二节　337-TA-565 案件分析

173 | 第三节　337-TA-918 案件分析

189 | 第四节　337-TA-1106 案件分析

204 参考文献

第一章

知识产权贸易壁垒：内涵、主要特征与表现形式

第一节　知识产权贸易壁垒的内涵

一、贸易壁垒的概念

根据《中华人民共和国对外贸易法》(以下简称《对外贸易法》)和商务部《对外贸易壁垒调查规则》的规定，贸易壁垒（trade barriers/barrier to trade）是指由一国(地区)政府采取或者支持的措施或者做法，违反该国(地区)在国际条约或者未能履行有关国际条约下应承担的义务，以及在产品或者服务的准入或者准出方面对我国造成负面贸易影响的措施或者做法。贸易壁垒一般分为关税壁垒和非关税壁垒。就广义而言，凡使正常贸易受到阻碍，市场竞争机制作用受到干扰的各种人为措施，均属贸易壁垒的范畴。

二、知识产权的概念

知识产权（Intellectual Property）是指人们就其智力劳动成果所依法享有的专有权利，通常是国家赋予创造者对其智力成果在一定时期内享有的专有权或独占权（Exclusive Right）。1994年关贸总协定缔约方签订的《与贸易有关的知识产权协定》(*Agreement on Trade-Related Aspects of Intellectual Property Rights*，TRIPs)中划定的知识产权范围包括：(1) 版权与邻接权；(2) 商标权；(3) 地理标识权；(4) 工业品外观设计权；(5) 专利权；(6) 集成电路布图设计(拓扑图)权；(7) 未公开信息专有权(商业秘密权)。

三、知识产权贸易壁垒的内涵

国内学者对知识产权贸易壁垒内涵的理解基本一致,即广义知识产权贸易壁垒是指一国政府、组织(既包括国际组织,也包括国内组织;既包括政府间组织,也包括非政府间组织)、企业或个人基于知识产权保护而采取或支持的对国际贸易产生阻碍的各种政策或措施。❶

发达国家与发展中国家对知识产权贸易壁垒的认识不同。美国等发达国家认为,发展中国家知识产权保护水平低且知识产权的执法存在问题,知识产权无法得到有效保护,导致知识产权假冒等侵权产品盛行,降低了发达国家通过投资研发而合法取得知识产权的企业产品的国际竞争力,阻碍含有知识产权的产品的出口,造成国际贸易的扭曲和障碍,是一种重要的国际贸易壁垒。发展中国家认为,虽然知识产权侵权行为的确会阻碍国际贸易的自由发展,但知识产权的过度保护和知识产权的滥用同样可能对国际贸易造成障碍。特别是随着知识经济和全球化的发展,知识产权已经从对创新的保护蜕变为发达国家企业瓜分市场、构筑贸易壁垒的工具。

知识产权保护成为贸易壁垒的双重机制,在《与贸易有关的知识产权协定》中也有体现,其序言中提到"期望减少对国际贸易的扭曲和阻碍,并考虑到需要促进对知识产权的有效和充分保护,并保证实施知识产权的措施和程序本身不成为合法贸易的障碍"。这一规定是发达国家与发展中国家立场的折中,表明了知识产权保护形成贸易壁垒的两种可能:一是知识产权保护不足,可能对国际贸易造成障碍和扭曲,因此"需要促进知识产权的有效和充分保护",以消除因知识产权保护不足而造成的贸易障碍;二是知识产权保护措施和程序本身也可能造成贸易障碍,因此,成员方应当"保证自己实施知识产权的措施和程序时不至于造成合法贸易的障碍"。

---

❶ 徐元. 知识产权贸易壁垒研究 [M]. 北京:中国社会科学出版社, 2012:36.

第二节　知识产权贸易壁垒的主要特征

知识产权贸易壁垒是一种新型的贸易壁垒，除了具有所有贸易壁垒的共性特征，如"防御性""限制竞争性""与各国经济发展和国际贸易发展密切相关"等，还具有自身的一些特征。

一、企业居于主体地位

贸易壁垒如关税壁垒、外汇管制、反倾销、反补贴、技术性贸易壁垒等，均体现了一个国家的贸易政策和法律以及政府机构的执法措施，企业发挥的作用非常有限。而在知识产权贸易壁垒的设置中，因知识产权滥用导致的贸易壁垒，基本上都是知识产权人不正当地行使知识产权所造成的；因知识产权与技术标准相结合形成的贸易壁垒中，虽然强制性技术标准属于国家的技术法规范畴，由政府制定和执行，但在实践中，企业利用自己的技术优势和知识产权优势所形成的事实标准发挥着主导作用；在知识产权边境保护制度中，制度的设置以及执行虽然是由国家立法机关和行政机关来完成，但在具体的案件中，知识产权人的申请以及在诉讼中的举证等都起着至关重要的作用。因此，在知识产权贸易壁垒中，企业占据着主体地位。

二、表面的正当性和隐蔽性

与技术性贸易壁垒等新型贸易壁垒相似，知识产权贸易壁垒也具有表面的正当性和隐蔽性特征。设置知识产权贸易壁垒的理由：知识产权是私权，对知识产权进行保护就像保护人类的其他有形财产一样，并且加强知识产权保护可以促进科技进步和创新，有利于国家甚至人类社会的整体利益，是无可厚非且必需的。知识产权贸易壁垒是基于知识产权法律制度的建立和完善的前提下实施的，具有表面的正当性。同时，因为知识产权是私权，所以在实践中比其他新型贸易壁垒更具隐蔽性。

三、国家间设置的不平衡性

国家间设置知识产权贸易壁垒的不平衡性表现在：一是发达国家与发展中国家设置的不平衡。由于科技发展水平和知识产权运用能力的差异，发展中国家拥有的知识产权数量和质量与发达国家存在巨大的差距，基本上没有能力设置知识产权贸易壁垒。知识产权贸易壁垒基本由科技水平先进、专利拥有量占优势的发达经济体设置。二是美国与其他发达国家设置的不平衡。美国在知识产权贸易壁垒的设置方面占据主导地位，并以国内立法的形式设置了独有的"337调查"制度。"337调查"对象不仅涉及发展中国家和地区，而且涉及日本、德国、加拿大、英国、法国等发达国家。这种不平衡同样是由于技术水平的差距造成的，而这些国家却没有针对美国的类似措施。

四、较强的专业性

一方面，知识产权贸易壁垒与知识产权法律制度密切相关，有较强的法律专业基础。在知识产权贸易壁垒的诉讼中，无论原告还是被告，都必须严格按照知识产权法律的规定对对方提出指控或者抗辩。执法机构在执法认定时，也必须严格按照相关的知识产权法律来判断。而在其他贸易壁垒中，判断一项行为的性质时，主要依据是事实而非法律。另一方面，知识产权贸易壁垒中绝大多数是专利壁垒，专业技术性较强，在知识产权诉讼中，通常必须聘请专业领域的专家共同参与。因此，知识产权贸易壁垒表现出较强的专业性特征。

五、较强的市场进攻性

发达国家一直非常重视知识产权的全球布局和保护。知识产权人不仅注重在本国申请专利和商标等，也会同时在出口市场申请同样的知识产权。这样做的目的不仅可以保护本国市场，防御侵权产品进入本国市场，而且可以把知识产权布局到其他国家，抢占其他国家的市场，可以从根本上将对手置于死地，表现出很强的市场进攻性。发达国家的跨国公司在中国进行知识产权的"跑马圈地"行为就是知识产权贸易壁垒市场进攻性的很好例证。

第三节 知识产权贸易壁垒的表现形式

知识产权贸易壁垒的表现形式主要包括技术标准型知识产权贸易壁垒、知识产权边境保护措施和知识产权滥用等。

一、技术标准型知识产权贸易壁垒

技术标准型知识产权贸易壁垒是在国际贸易中，知识产权与技术标准相结合而形成的一种新型贸易壁垒形式。知识产权与技术标准结合之后，发达经济体往往凭借先进的科学技术水平，利用技术和知识产权优势，增强知识产权垄断性，加大知识产权使用人取得权利许可的成本，从而增强其产品的竞争力；发展中国家因技术在国际竞争中处于劣势，加上知识产权保护意识薄弱，在知识产权人拒绝许可的情况下，甚至会因难以达到相应的技术标准而不得不退出市场。21世纪初，我国DVD行业遭到国外专利技术联盟的封杀就是这种贸易壁垒的典型例证。

二、知识产权边境保护措施

知识产权边境保护是指边境执法机关依据国家法律法规的授权，在一国边境采取措施制止侵犯知识产权的货物进出境。知识产权边境保护制度的本来目的是保护知识产权人的利益，维护正常的国际贸易秩序。但在激烈的国际市场竞争中，知识产权人为追求自身的经济利益，常常利用知识产权边境保护制度打击竞争对手，阻碍合法商品的正常进口。各国的知识产权保护执法机构为了维护本国企业或个人的利益，也可能滥用法律赋予的执法权力，阻碍非侵权商品的进出口，构成合法贸易的障碍。此外，知识产权边境保护制度本身也可能存在有利于知识产权人而不利于竞争者的规定，同样会造成合法贸易的障碍。美国"337调查"实际上是一种典型的知识产权边境保护措施。

三、知识产权滥用

知识产权滥用是指知识产权持有人或者其他相关利害主体不正当使用法律赋予的相关权利进行限制或者扰乱竞争，损害其他经营者或者社会公共利益的行为。知识产权在申请、许可和救济中都有被滥用的风险。

知识产权申请中的权利滥用主要包括：一是利用现行知识产权制度方面的缺陷，通过专利申请构筑贸易壁垒；二是通过各种途径把不在法律保护范围内的智力成果申请为知识产权；三是恶意抢注他人的潜在的知识产权。

知识产权许可中的权利滥用主要包括：一是拒绝许可；二是搭售行为；三是价格歧视；四是掠夺性定价；五是过高定价；六是知识产权交叉许可与联合经营。

知识产权救济中的滥用主要包含：一是知识产权诉讼权的滥用；二是展会中的知识产权滥用；三是滥发警告函。

第二章

广东省企业遭遇海外知识产权贸易壁垒现状

广东作为外贸大省，2020年实现货物进出口总额7.08万亿元人民币。其中，出口总额4.35万亿元人民币，同比增长0.19%。主要出口市场分别为美国、欧盟、东盟、日本、韩国、俄罗斯六大区域，其出口额占出口总额的比重分别为16.99%、16.15%、12.45%、3.81%、2.27%、1.41%[1]。机电产品出口额占全年出口总额近7成，自动数据处理设备及其部件、手机、集成电路等产品出口额分别占出口总额的6.50%、5.47%和3.61%。随着知识产权密集型产品出口份额的不断提高，广东省制造海外影响力不断增强，广东省企业遭遇的知识产权贸易壁垒问题日益增多，且不同出口市场遭遇的问题不尽相同。据统计，2010—2020年，美国不公平贸易行为"337调查"中涉粤企业案件高达95起；印度曾一度禁售广东省通信产品；广东省驰名商标在海外被抢注的情形也时有发生。

第一节　广东省企业在欧美日韩等发达经济体遭遇知识产权贸易壁垒情况

欧美日韩等发达经济体非常重视创新和知识产权保护，建立了完善的知识产权保护制度。作为世界第一大经济体和知识产权强国，美国高度重视知识产权保护，充分发挥其在经济发展及实现经济、技术世界霸主地位中的重要作用，不仅建立了完善的知识产权保护制度，还通过国内立法的

---

[1] 数据来源于广东省统计局.2020年广东省国民经济和社会发展统计公报.[EB/OL].[2021-03-01].http://stats.gd.gov.cn/tjgb/content/post_3232254.html

形式将国际贸易与知识产权联系起来，形成知识产权贸易壁垒，以此加强对本国产品的知识产权保护。欧盟、日本和韩国在捍卫自身知识产权权利人利益方面也各具特色。2020年，广东省货物出口到欧美日韩的比例占全省出口额的近四成，如果加上香港转口贸易部分，这一比例会更高。广东省企业在产品销往这些市场时，频繁遭遇知识产权贸易壁垒，主要表现在以下方面。

一、美国"337调查"几乎涵盖知识产权的各个领域[1]

美国"337调查"指美国国际贸易委员会（USITC）根据《美国1930年关税法》第337节有关规定，针对进口贸易中的知识产权侵权行为以及其他不公平竞争行为开展调查，裁决其是否侵权及有必要采取救济措施的一项准司法程序。"337调查"是美国独有的知识产权保护制度，目前已成为"两反一保"之外的又一项有力的贸易保护措施。广东省涉美国"337调查"案件具有如下特点。

（一）企业涉案数量呈上升趋势，涉案数约占美国"337调查"的 1/4

2010—2020年，美国国际贸易委员会共发起"337调查"540起。其中，涉中国企业的案件为191起，占全部调查案件总数的35.37%；涉广东省企业案件共95起，占中国企业涉案数的49.74%，占全部调查案件总数的17.59%。

从历年情况看，"337调查"涉广东省案件数比重均呈上升趋势（图2-1）。2010—2016年，广东省涉"337调查"案件数每年维持在6～9起水平，占调查案件总数比重在15%上下波动；2017年以来，美国"337调查"案件数呈下降趋势，而广东省企业涉案数连续四年维持在10起以上，占全部

---

[1] 本节数据来自于美国国际贸易委员会官方网站的EDIS数据库。广东省企业指的是注册地在中华人民共和国、法人住所在广东省境内的企业。

调查案件数达 20% 以上，2020 年更是达到了 24.49% 的历史新高，即美国"337 调查"近 1/4 案件来自广东省。

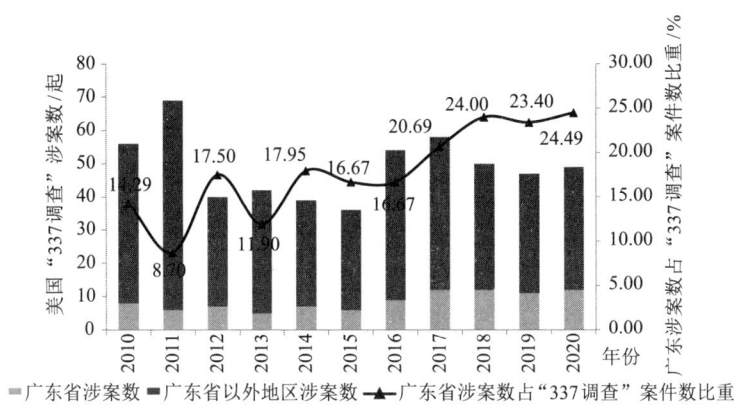

图 2-1　2010—2020 年广东省涉案数占美国"337 调查"案件数比重

从广东省企业涉案数占中国涉案数的比例来看，除 2011 年和 2013 年广东省涉案数量低于全国的四成外，其余年份均接近或超过全国的一半，2015 年和 2018 年更是远超历年平均水平，分别达到 75.00% 和 63.16%（图 2-2）。

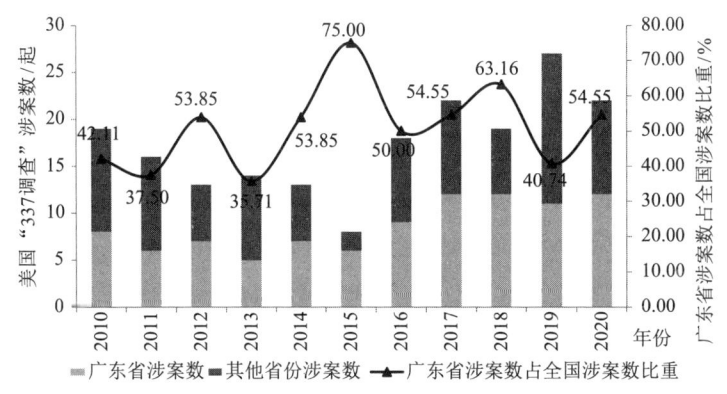

图 2-2　2010—2020 年美国"337 调查"广东省涉案数占全国涉案数比重

（二）企业涉案类型以专利侵权为主

从历年广东省企业涉及"337 调查"的立案类型来看（图 2-3），84 起案件立案原因是专利侵权（88.42%），3起案件涉商标侵权（3.16%），2起案件涉商业秘密侵权（2.11%），此外还有6起案件属于混合原因侵权，即共同提起两种以上的知识产权案由，分别为：专利与商标侵权2起，专利与商业秘密侵权1起，专利、商标与版权侵权1起，版权与商业秘密侵权2起。可见，88起案件立案原因涉专利侵权，占所有案由的92.63%，专利侵权是美国"337调查"的主要案由。

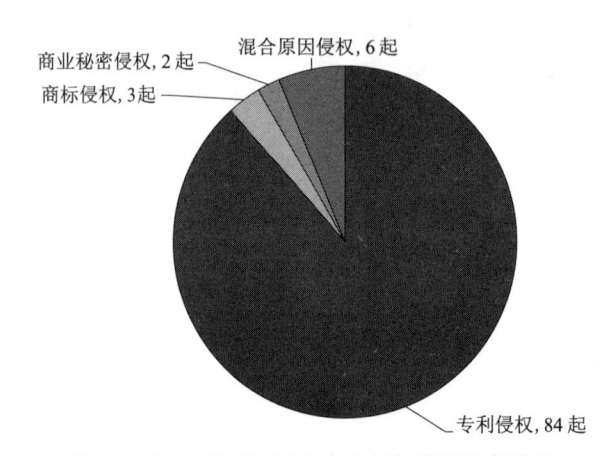

图2-3 "337调查"涉粤企业侵权类型及案件量

（三）涉案企业主要集中在电子工业领域

2010—2020年，广东省涉美国"337调查"的案件主要分布在19个行业❶（表2-1），电子工业涉案最为频繁，每年都会遭遇"337调查"，涉案数量高达35起，平均每年3.2起；通用设备次之，共11起，主要集中在2015年之前；其他行业并列11起，电气工业、文化体育和娱乐用品位列第四位、第五位，分别为8起和7起；烟草工业、光伏产品、皮革工业、橡胶制品工业等偶有涉及，十年间仅有2～4起"337调查"案件。其中，皮革工业和橡胶制品工业在2010—2014年遭遇美国"337调查"之后，2015年至今再没有遭遇过"337调查"。与之相反，纺织工业、非金属制品工业、家具工业、金属制品业、塑料制品业、仪器仪表工业、造纸工业、专用设备、化学

---

❶ 行业分类标准参考中国贸易救济信息网中"337调查"涉案行业分类.[EB/OL].〔2021-06-13〕.http://cacs.mofcom.gov.cn/cacscms/view/notice/ssqdc.

原料与制品工业 9 个行业，2015 年之前从未遭遇"337 调查"，2016 年开始偶尔涉及 1 起"337 调查"，数量相对有限。

表 2-1　美国"337 调查"涉粤案件行业分布　　　单位：起

年份（立案）	2010	2011	2012	2013	2014	2015	2016	2017	2018	2019	2020	合计
电子工业	1	5	2	2	2	3	4	2	3	3	8	35
通用设备	5		3		1	1			1			11
其他			1	1				2	3	2	2	11
电气工业		1	1					4	1			8
文化体育和娱乐用品					1		1	2	1	1	1		7
烟草工业									2	1	1	4
运输设备						1		2				3
光伏产品										3		3
皮革工业	1				1							2
橡胶制品工业	1			1								2
纺织工业						1						1
非金属制品工业						1						1
家具工业									1			1
金属制品工业							1					1
塑料制品业							1					1
仪器仪表工业						1						1
造纸工业						1						1
专用设备										1		1
化学原料与制品工业										1		1
合计	8	6	7	5	7	6	9	12	12	11	12	95

（四）涉案粤企数量激增

美国"337 调查"涉案粤企总数共 311 家。2015 年以前，涉案粤企数在 20 家上下波动；2016 年，涉案粤企数开始激增，尽管 2019 年有所减少，但近五年平均涉案粤企数仍达 42 家，相较于 2010—2015 年年平均涉案粤企数的 20.20 家，涉案粤企数量增长（图 2-4）。

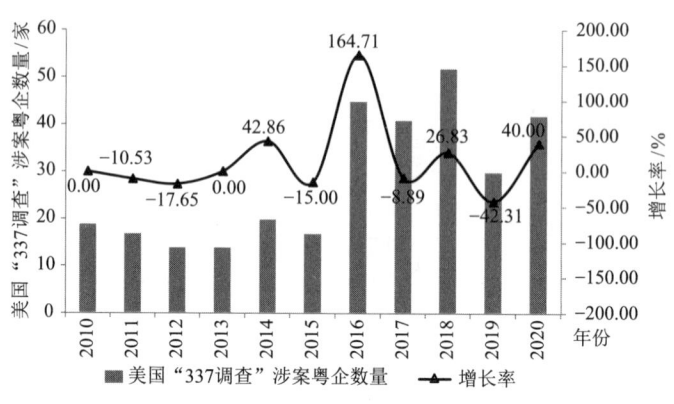

图 2-4　美国"337 调查"涉案粤企数量年度变化趋势

（五）涉粤企业总体应诉率不高

截至 2020 年年底，"337 调查"涉粤企的 95 起案件中，已结案 82 起，涉 263 家企业；未结案 13 起，涉 48 家企业。从已结案件企业的应诉情况看，105 家企业积极应诉，占涉案企业数的 39.92%，缺席和未送达企业[1]分别为 140 家和 18 家，分别占 53.23% 和 6.85%（图 2-5），企业总体应诉率接近四成。

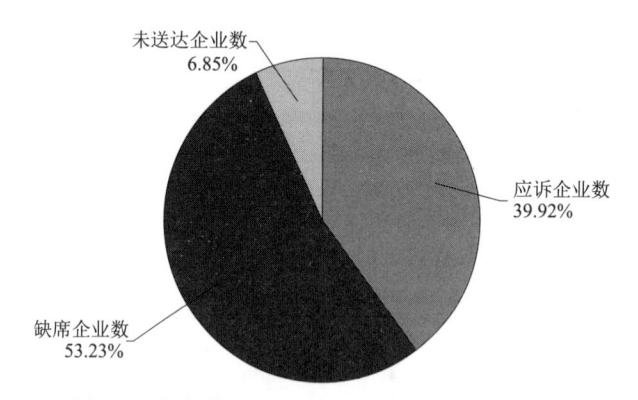

图 2-5　粤企遭遇美国"337 调查"后的响应情况

从历年应诉情况看（图 2-6），企业应诉率呈波浪形态势。2012 年

---

[1] 未送达企业指调查过程中该企业因地址有误等原因不能将文件送达，无法进行调查通知。在"337 调查"中，此类企业与裁定缺席的企业区分开。

（14.29%）和 2016 年（13.33%）处于谷底，2010 年（68.42%）、2014 年（70.00%）和 2019 年（75.00%）处于峰值。2020 年，受新型冠状病毒肺炎疫情影响，被诉企业多出于诉讼成本考量而选择缺席（default notice），应诉率回落至 47.50%。

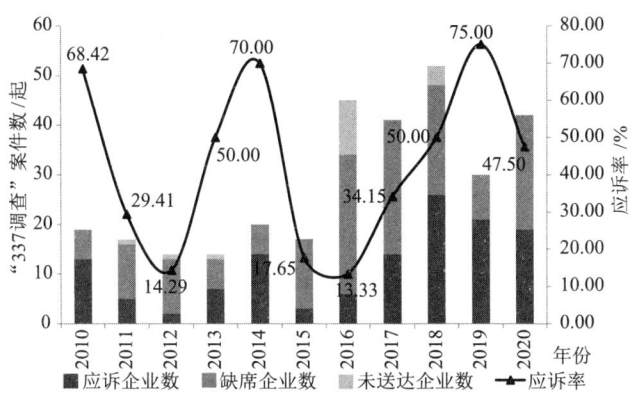

图 2-6 "337 调查"粤企年度响应情况及应诉率变化趋势

从企业涉案身份看，2010 年以来广东省遭遇的美国"337 调查"案件中，涉案企业多以被申请人身份被动接受调查。2019 年英联斯特（广州）餐饮设备有限公司（案号：337-TA-1166）和 2020 年深圳道通航空智能技术有限公司（案号：337-TA-1133）利用其在美国的子公司，以申请人身份主动发起"337 调查"，预示着广东省企业由被动应对"337 调查"到主动利用美国贸易规则反制竞争对手的转变，是广东省企业运用海外知识产权规则保护自身的表现。

（六）积极应诉企业绝大多数获得有利结果

在积极应诉的 105 家已结案企业中，有 45 家企业获得终裁结果为不侵权、申请人撤回申请或涉案专利无效，占广东省应诉企业数的 42.86%；达成和解/同意令、结束调查等终裁结果的企业 54 家，占广东省应诉企业总数的 51.43%；仅 6 家企业被裁定普遍排除令、有限排除令或禁止令等不利结果，占广东省应诉企业总数的 5.71%（图 2-7）。

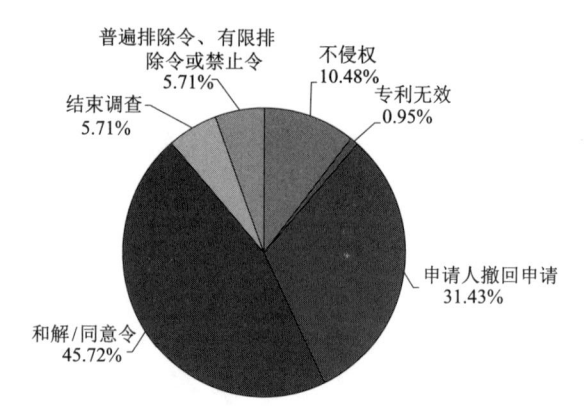

图 2-7 "337 调查"涉粤应诉企业裁决情况

（七）不应诉企业会获得不利结果

对于不应诉企业，美国国际贸易委员会可假定申诉状中的所有指控都是真实的，并裁定该企业已经丧失对申诉状提出质疑的权利，进而做出"缺席判决"。过去十余年，在缺席和立案通知书未送达的 158 家企业中，有 27 家企业终裁结果为不侵权或申请人撤回申请，占缺席和未送达企业总数的 17.09%，这更多是由于同一案件的其他企业积极应诉并取得了有利的结果，使不应诉企业"躺赢"；126 家企业终裁结果为普遍排除令、有限排除令或禁止令，占缺席和未送达企业总数的 79.75%（图 2-8），5 家企业终裁结果为无救济措施、终止调查、不采取救济措施等，占缺席和未送达企业总数的 3.16%。

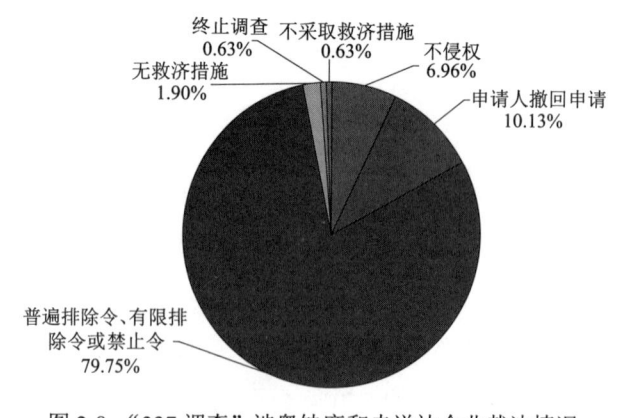

图 2-8 "337 调查"涉粤缺席和未送达企业裁决情况

第二章
广东省企业遭遇海外知识产权贸易壁垒现状

（八）被颁发普遍排除令的粤企占比呈下降趋势

2015年以来，美国"337调查"涉粤企业数呈上升趋势，但被颁发普遍排除令的粤企占比呈下降趋势（图2-9）。由此说明，虽然在中美贸易摩擦升温背景下广东省涉案数和涉案企业数大幅上升，但越来越多的企业采取积极应诉策略，并获得了较为理想的结果。

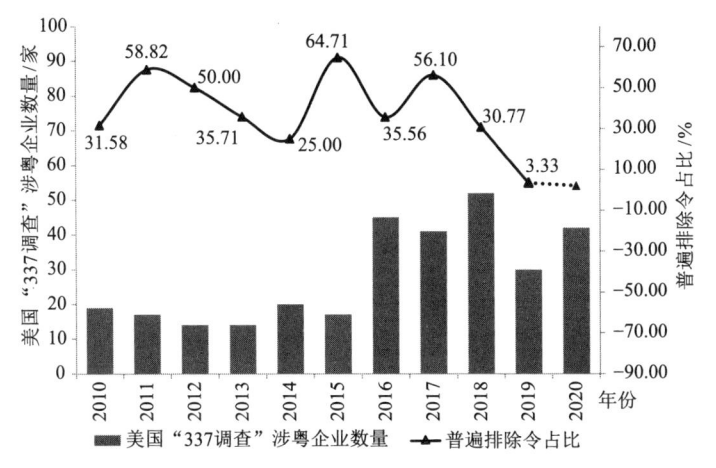

图2-9 2010—2020年美国"337调查"涉粤企业被颁布普遍排除令占比❶

（九）"337调查"和司法诉讼相结合，杀伤力更大

美国知识产权权利人经常在向美国国际贸易委员会申请提起"337调查"的同时或前后，会以完全相同的被告和侵权内容向美国法院提起司法诉讼。2010—2020年，在美国联邦地区法院进行知识产权诉讼的案件中，与广东省企业涉及的"337调查"申诉内容重合的案件共有38起（图2-10），占"337调查"涉广东省企业案件总数的40%，且案件主要集中在2016年之后，于2018年达到峰值（13起）。美国"337调查"叠加司法诉讼，不仅增加了被申请人的应对成本，在无形中也给被申请人造成了心理上的威慑，对涉案企业的杀伤力更大。

---

❶ 2020年新立案案件尚未结案，故没有统计占比数据。

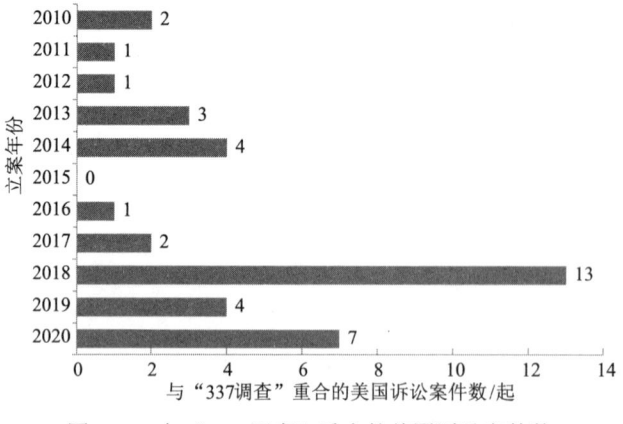

立案年份	案件数
2010	2
2011	1
2012	1
2013	3
2014	4
2015	0
2016	1
2017	2
2018	13
2019	4
2020	7

图 2-10 与"337 调查"重合的美国诉讼案件数

广东作为外贸出口大省，频繁遭遇美国"337 调查"。近十年来，"337 调查"涉广东省案件数量约占全国涉案总数的一半，2020 年广东省涉案比例更是创下历史新高，占美国"337 调查"案件数的 1/4；且"337 调查"经常与美国司法诉讼和海关执法相结合，给广东省企业出口造成沉重打击。从企业应诉情况和美国国际贸易委员会终裁结果看，在积极应诉企业中，仅有 5.71% 的企业被颁布普遍排除令、有限排除令或禁止令等不利结果，42.86% 企业被裁定不侵权或申请人撤回申请，五成以上企业达成和解、同意令、结束调查等。这意味着部分外国企业发起"337 调查"是假，通过启动知识产权调查达到贸易遏制效应以及被诉方被动和解的"敲竹杠"效应是其启动知识产权调查的真正目的。

二、司法诉讼中，知识产权侵权案件高发

（一）企业在海外频繁遭遇专利侵权诉讼纠纷[1]

广东省企业在欧美日韩频涉专利侵权案件，尤以美国为最。本节以美国为例，阐述广东省企业在海外遭遇专利侵权诉讼纠纷的主要特点。

---

[1] 本节数据来自于美国法律案例数据库 Lex Machina。广东省企业指的是注册地在中华人民共和国、法人住所在广东省境内的企业。注册地在开曼群岛、维京群岛等地，即使在广东省内拥有主要经营场所，也不在本报告的统计范围之内。其中，涉及部分电商企业无法确定具体经营地址，此类企业亦不计入本报告。

1. 企业在美专利诉讼案件总量不断攀升

2010—2020年，美国法院共受理专利诉讼案件4.72万起，其中涉及广东省的案件846起，已结案662起。从年度变化趋势看，《美国发明法案》（AIA）自2011年开始生效后，美国专利诉讼案件逐年上升，2013年达到峰值；后受美国联邦最高法院关于Alice v. CLS Bank案判决结果中提高"专利适格性"（patent eligible）限制条件的影响，2014年之后美国专利诉讼数量大幅下降，直到2018年案件数量趋于平稳。

广东省在美国专利诉讼案件数量在2013年以前与美国专利诉讼总体趋势保持一致，之后呈稳中趋升态势。2020年，企业在美专利诉讼案件大幅增加，是2019年的2.46倍（图2-11）。究其原因，突如其来的新型冠状病毒肺炎疫情使2020年世界经济遭遇"黑天鹅"事件，陷入了第二次世界大战后最严重的萧条当中。经济不景气时，专利持有人用专利诉讼来实现或换取专利的经济价值的意愿更为强烈。

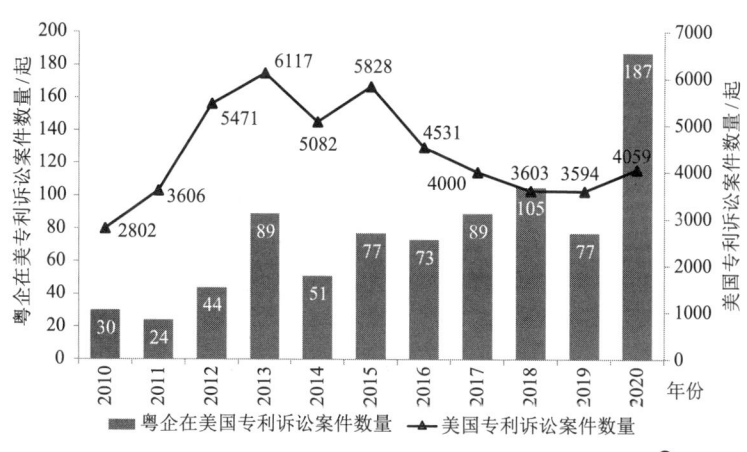

图2-11 2010—2020年粤企在美专利诉讼案件数量趋势 ❶

2. NPE是提起专利诉讼的主力军

广东省企业在美国发生的专利诉讼案件中，92.20%的诉讼案件由395

---

❶ Lex Machina数据库每日更新，因此，本报告中所有使用的数据都将随着新的案例与新的信息添加到PACER而发生变化。本表数据收集日期为2021年3月16日，下同。

家外国企业主动发起。其中提起诉讼大于等于 10 次的高频原告❶如下：WSOU 公司（68 次）、Uniloc 公司（17 次）、Juul Labs 公司（16 次）、Noco 公司（14 次）、Ultravision Technologies 公司（13 次）、Network-1 Security Solutions 公司（13 次）、Cellular Communications Equipment 公司（12 次）、佳能（12 次）、Blue Spike 公司（10 次），这 9 家公司提起诉讼数量占十年来粤企在美专利诉讼总量的 20.69%。WSOU 公司、Uniloc 公司、Cellular Communications Equipment 公司、Network-1 Security Solutions 公司、Blue Spike 公司均为非专利实施主体（NPE）❷，占高频原告的半数以上。可见，NPE 是对粤企专利诉讼的主力军。

从高频原告提起诉讼的年份看（表 2-2），排名第一的 WSOU 公司提起的 68 起诉讼全部集中在 2020 年，诉讼对象涉及华为技术有限公司（以下简称"华为"）、中兴通讯股份有限公司（以下简称"中兴通讯"）、深圳万普拉斯科技有限公司（以下简称"一加科技"）和普联技术有限公司（以下简称"TP-Link"），涉案专利申请时间跨度很大，最早为 2001 年，最晚为 2012 年。WSOU 公司成立于 2017 年，其从诺基亚公司（以下简称"诺基亚"）和阿尔卡特朗讯公司获得了约 4000 项网络和云计算方面的专利。过去 5 年提起诉讼相对频繁的原告还有 Uniloc 公司、Juul Labs 公司、Noco 公司、Ultravision Technologies 公司、Cellular Communications Equipment 公司、佳能。Network-1 Security Solutions 公司提起的诉讼主要发生在 2013 年之前，Blue Spike 公司在 2016 年之后鲜有对广东省企业提起诉讼。

表 2-2　2010—2020 年高频原告统计

原告方	2010 年	2011 年	2012 年	2013 年	2014 年	2015 年	2016 年	2017 年	2018 年	2019 年	2020 年	总诉讼量/起
WSOU 公司	0	0	0	0	0	0	0	0	0	0	68	68
Uniloc 公司	0	0	0	0	0	0	3	6	7	1	0	17
Juul Labs 公司	0	0	0	0	0	0	0	0	9	0	7	16

---

❶ 文中绝大多数高频原告没有在中国注册子公司，故保留使用公司英文名。

❷ NPE，Non-practicing Entity 的缩写，中文翻译为非专利实施主体，于 20 世纪 90 年代在美国产生，泛指拥有大量专利但不从事实体生产销售等经营活动的市场主体。

续表

原告方	2010年	2011年	2012年	2013年	2014年	2015年	2016年	2017年	2018年	2019年	2020年	总诉讼量/起
Noco 公司	0	0	0	0	0	0	0	5	1	2	6	14
Network-1 Security Solutions 公司	0	1	0	12	0	0	0	0	0	0	0	13
Ultravision Technologies 公司	0	0	0	0	0	0	1	0	12	0	0	13
Cellular Communications Equipment 公司	0	0	0	1	0	3	2	3	1	0	2	12
佳能	1	0	1	0	4	0	0	0	5	0	1	12
Blue Spike 公司	0	0	2	2	0	3	3	0	0	0	0	10

3. 企业作为被告占比高

近十多年来，广东省企业作为原告提起的诉讼仅有66件，占案件总量的7.80%，作为被告的案件占92.20%。2014年以后，企业作为原告的案件数量较之前有了明显提高，所占诉讼总量的比例为4.76%～13.70%（图2-12），但被告企业仍占八成以上。

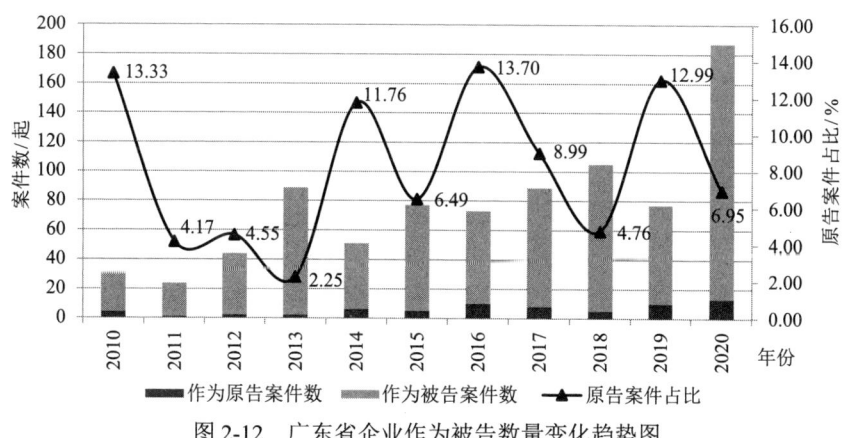

图2-12 广东省企业作为被告数量变化趋势图

4. 结案方式以和解为主

结案类型可以分为原告胜诉、被告胜诉、和解和程序性决议四类。在已结案的662起案件中(表2-3)，当事双方真正走到庭审判决的案件仅75起，占已结案件量的11.33%，其中原告胜诉比例占八成以上；当事双方达成和解案件459起，占已结案件量的69.34%；程序性决议案件128起，占已结案件量的19.33%。可见，绝大多数的专利诉讼并没有走到最终裁判，而是诉讼双方达成和解，从诉讼发起方大多是NPE也可预期这一结果。

表2-3 2010—2020年粤企在美专利诉讼案件判决情况

结案类型（英文）	结案类型（中文）	案件数/起	占已结案件比例比重/%
Claim Defendant Win	被告胜诉	12	1.81
Claim Defendant Win: Consent Judgment	被告胜诉：合意判决	2	0.30
Claim Defendant Win: Judgment on the Pleadings	被告胜诉：依据诉状的判决	2	0.30
Claim Defendant Win: Summary Judgment	被告胜诉：简易判决	6	0.91
Claim Defendant Win: Trial	被告胜诉：审判	2	0.30
Claimant Win	原告胜诉	63	9.52
Claimant Win: Consent Judgment	原告胜诉：合意判决	19	2.87
Claimant Win: Default Judgment	原告胜诉：缺席判决	32	4.83
Claimant Win: Judgment as a Matter of Law	原告胜诉：依法律判决	1	0.15
Claimant Win: Summary Judgment	原告胜诉：简易判决	1	0.15
Claimant Win: Trial	原告胜诉：审判	10	1.51
Likely Settlement	和解	459	69.34
Likely Settlement: Plaintiff Voluntary Dismissal	可能的解决方案：原告自愿撤诉	167	25.23
Likely Settlement: Stipulated Dismissal	可能的解决方案：合意撤诉	292	44.11
Procedural	程序性决议	128	19.33
Procedural: Contested Dismissal	程序性：有争议的驳回	10	1.51
Procedural: Consolidation	程序性：合并	22	3.32
Procedural: Dismissal	程序性：驳回	27	4.08
Procedural: Interdistrict Transfer	程序性：跨区转移	27	4.08

续表

结案类型（英文）	结案类型（中文）	案件数/起	占已结案件比例比重/%
Procedural: Intradistrict Transfer	程序性：区内转移	3	0.45
Procedural: Multidistrict Litigation	程序性：多行政区诉讼	12	1.81
Procedural: Severance	程序性：分案	2	0.30
Procedural: Stay	程序性：中止	25	3.78

5. 判赔案件较少但赔偿金高

从年判赔案件数量看（表 2-4），广东省企业在美专利诉讼案件中，判决支付赔偿金的案件数较少，案件数量最多的年份分别是 2013 年、2015 年和 2016 年（各 5 起），最少的年份分别是 2014 年和 2020 年（各 1 起），案件数占粤企在美专利诉讼总量的比例年均为 5.3%。

从判决支付的赔偿金总额（不包含律师费等成本费用及利息支出）看，判赔金额年度差异较大，从十几万美元到上亿美元不等。其中，2015 年 1 月 8 日立案的爱立信公司（以下简称"爱立信"）诉 TCL 通信技术控股有限公司（以下简称"TCL"）（Ericsson Inc. et al v. TCL Communication Technology Holdings, LTD. et al，案号：2:15-cv-00011）是近年来粤企在美专利诉讼判赔金额最高的一单，赔偿金达 1 亿美元。

近五年来，广东省企业在美专利诉讼案件不断增多，但判赔案件数整体趋于下降，赔偿金下降趋势更为明显，2020 年创下近十年来判赔案件数和赔偿金双低。但须注意 2020 年粤企在美专利诉讼案件激增可能导致未来赔偿金增加的可能，且不可忽视诉讼双方达成和解，被告支付高昂许可费等情形。

表 2-4　2010—2020 年粤企在美专利诉讼赔偿金统计

年份	判赔案件数/起	判赔金额/万美元	涉案总量/起	判赔案件占比/%
2010	2	3658.88	30	6.67
2011	3	8526.78	24	12.50
2012	2	41.77	44	4.55

续表

年份	判赔案件数/起	判赔金额/万美元	涉案总量/起	判赔案件占比/%
2013	5	3446.62	89	5.62
2014	1	42.55	51	1.96
2015	5	10282.75	77	6.49
2016	5	5144.58	73	6.85
2017	4	2770.34	89	4.49
2018	4	1593.93	105	3.81
2019	4	120.07	77	5.19
2020	1	17.50	187	0.53

由上可知，随着广东"走出去"步伐的加快，广东省企业在海外遭遇的专利诉讼纠纷不断增多。2020年，广东省企业在美涉专利诉讼案件是2019年的2.46倍；专利诉讼纠纷集中在高科技领域，非专利实施主体是提起诉讼的主力军，绝大多数广东省企业作为被告；从结案方式看，双方达成和解的案件约占七成，程序性决议的案件约占两成，当事双方真正走到庭审判决的案件占一成左右。可见，司法诉讼仅仅是商业竞争的手段，案件当事人双方很少真正走完整个司法程序，更多是当事人双方"边打边谈、边谈边打"，原告通过司法诉讼迫使被告不得不重回谈判桌，进而达到自身的商业目的。双方和解案件中，原告自愿撤诉的案件约占审结案件总量的25.23%，占和解案件总数的36.38%，说明部分企业试图利用知识产权诉讼达到抢占商业市场的目的，通过不正当利用专利授权制度进行专利申请，或以拒绝专利许可、过高定价、专利搭售、要求免费反向授权等知识产权滥用行为，并通过知识产权诉讼权滥用的形式来构筑贸易壁垒，打击竞争对手。

（二）广东省企业频繁遭遇商标侵权诉讼

商标注册是为了取得商品销售国的商标专用权。企业只有在目标销售国注册了商标，才可以有效防止其他企业在相同或近似的商品上注册或使用与自己商标相同或近似的商标，达到保护自身市场份额和合法权益的目的。

发达国家非常重视商标品牌保护，很多跨国公司在进行海外市场布局时，普遍采取"产品未动，商标先行"的知识产权策略。例如，东芝集团、株式会社日立制作所、丰田汽车公司等，它们拥有的商标注册件数都是从几千件到几万件不等，并且覆盖了不少类别，少数公司的商标甚至达到6万～7万件。广东省大多数企业由于知识产权保护意识有待进一步提高，在开拓海外市场之前甚至进入海外市场之后，尚未进行有效的商标保护。因此，企业在进入欧美日韩等发达市场时，面临较多商标侵权纠纷，主要表现在两个方面。

1. 广东省企业常常被发达国家企业指控侵害其商标权

以美国为例，广东省企业涉美国商标侵权案件较多且多为被告，被控案由主要是商标侵权、不诚实销售、虚报原产地来源、商标淡化等。随着越来越多的广东企业参与国际竞争，部分企业积极利用国际规则来捍卫自身权益。近年来，逐渐有广东省企业以原告身份在美国联邦地区法院提起诉讼，控告海外竞争对手侵犯其商标权。例如，2019年10月，深圳麦克韦尔科技有限公司针对某些海外电商平台上存在的销售假冒Vaporesso等品牌产品行为在美国联邦地区法院提呈商标侵权诉讼，诉讼的被告主要是利用跨境电商平台将在中国境内生产的假冒产品销往美国等地的跨境电商。2020年年底，美国纽约南区联邦地区法院做出缺席判决，判令100余名被告向深圳麦克韦尔科技有限公司支付赔偿金总计540万美元，并永久禁售侵害麦克韦尔商标专用权的产品。

2. 广东省企业知名商标被发达经济体企业抢注

随着我国国际竞争力的增强和中国制造国际影响力的提升，我国部分企业商标在发达国家被抢注的事件时有发生。如联想的英文名"LEGEND"在全球竟被100多家公司注册过商标，致使联想布局国际市场时，不得不放弃使用"LEGEND"商标，重新注册"Lenovo"商标；海信公司初进入德国市场时，发现它的英文标识"Hisense"已经被西门子公司注册，最后不得不花费数百万欧元从西门子手中买回商标；"大宝"在美国、英国、荷兰、比利时、卢森堡被一名荷兰人注册;"红星"二锅头酒在瑞典、爱尔兰、新西兰、英国等国家被一家英国公司抢注;"同仁堂""狗不理""杜康"酒、"GONGHUA"链条、"龙井"茶在日本被抢注❶;广东省著名商标"格兰仕"公司域名和"王老吉"商标在英国被抢注;等等。

总体来看,广东省企业在欧美日韩等发达经济体遭遇的商标问题有两个方面,一方面是本土企业主动或无意识地侵犯他人商标权,少数企业存在被海外卖家侵犯自身商标权的行为;另一方面是海外竞争对手有目的地抢注我国部分企业的著名商标或公司域名。这意味着广东省企业知识产权保护意识薄弱,从而造成一方面广东省企业经常冒用、盗用他人商标,另一方面本土商标被他国抢注,国外企业通过抢注企业知名商标,限制广东省企业进入目标国市场,人为制造知识产权贸易壁垒。据中国商务部消息,国内有15%的知名商标在国外被抢注,每年商标在海外被抢注案件超过100起,造成无形资产损失达到10亿元人民币。欧美日韩等发达经济体通过商标抢注制造知识产权纠纷,已成为一种新形式的知识产权贸易壁垒。

(三)技术标准型贸易壁垒问题突出

随着世界经济区域化、全球化发展和科技在贸易中作用的日益凸显,技术标准和专利权相结合成为科学技术和社会经济发展的必然趋势。国际标准化组织、国际电工委员会等国际、国家和地区标准发展组织对技术标准中采用专利技术持开放态度,加速了技术标准与知识产权的融合。技术标准与知识产权的融合,在国际贸易中产生了技术标准型知识产权贸易壁垒。

相对于普通的知识产权贸易壁垒而言,技术标准型知识产权贸易壁垒具有更强的防御功能,知识产权的效力进一步强化。首先,知识产权与技术标准相结合,增强了知识产权的垄断性。采用知识产权后,技术标准的先进性进一步提高,发达国家与发展中国家的技术差距进一步拉大,广东省企业要达到国际标准需要付出更多的成本和努力;其次,广东省企业不但要为达

---

❶ 智南针.盘点那些在国外遭遇抢注的中国商标.[EB/OL].(2018-09-18)[2021-04-13].https://www.worldip.cn/index.php?a=show&c=index&catid=294&id=937&m=content.

到技术标准付出更多学习的代价，而且要为获得标准中的知识产权许可支付更高的使用许可费；最后，如果标准必要专利持有人拒绝授权许可，使用人只能通过自主开发的方式达到国际标准，而这种自主开发能力是发展中国家企业比较缺乏的，因此，往往意味着发展中国家企业不得不退出国际市场竞争。虽然标准组织设立了 FRAND 原则来平衡标准必要专利权人与其他经营者，以及社会公众之间的利益，专利权人通常需要承诺遵守 FRAND 原则后方会被纳入标准，以寻求维护市场合理竞争，防止垄断，但因为实践上的复杂性，其仍然难以保障专利使用人的竞争地位。由此可见，技术标准型知识产权贸易壁垒无疑给粤企"走出去"的过程增加极大难度，是必须要引起重视的一种贸易壁垒形式。

广东省企业时有遭遇技术标准型知识产权贸易壁垒。作为技术标准型知识产权贸易壁垒高发地带的通信企业，华为、中兴通讯、珠海市魅族科技有限公司（以下简称"魅族"）等与美国高通公司（以下简称"高通"）等公司产生的专利纠纷均涉及技术标准型贸易壁垒。2020 年 7 月，华为和高通签订了价值 18 亿美元的长期专利许可协议，在 5G 领域拥有专利数全球第一的华为之所以还要支付高通巨额许可费，就是因为高通拥有将手机连接到蜂窝网络关键技术的标准必要专利。此外，高通还拥有大量 2G、3G、4G 的标准必要专利，业内企业如要使用高通的标准必要专利，就必须向其支付许可费。据截至 2020 年 11 月 15 日的财报显示，按照美国通用会计准则（GAAP）计算，高通 2020 年全年总营收 235.31 亿美元，税前利润 57.19 亿美元，其中负责专利许可的 QTL 部门营收 50.27 亿美元，税前利润 34.41 亿美元，专利许可费利润占公司税前利润的 60.17%。❶

以目前备受关注的 5G 领域为例，评估全球 5G 领导力要看标准必要专利数，而不是只看专利数，毕竟标准必要专利才是绕不过去的门槛。据国际知名律所 Bird & Bird 统计数据显示，爱立信、三星集团（以下简称"三星"）、高通分别拥有全球 15.8%、14.1%、12.6% 的 5G 标准必要专利，位

---

❶ 新浪财经 - 美股 .[EB/OL].〔2021-03-08〕.https://quotes.sina.com.cn/usstock/hq/income.php?s=q com&t=annual.

居前三，欧美韩企依然领跑标准专利市场，广东省华为和中兴通讯分别以10.9%、8.6%位居第五位和第七位，稍稍落后。广东省企业在与欧美日韩等发达国家竞争时，仍然面临严峻的技术标准型贸易壁垒，在纳入技术标准的专利上面临激烈竞争。

（四）国家利益主导下的潜在知识产权贸易壁垒风险

发达国家因国家利益需要而采取的一系列行为，也会增加广东省企业的海外知识产权贸易壁垒风险。以美国为例，美国以国家安全为由对我国科技领域实施的"净网行动"，针对"中国制造2025"实施的"中国行动计划"以及出口贸易管制等一系列知识产权和贸易保护措施，严重影响着广东省企业在美国市场的生产、投资和销售活动，甚至左右着广东省企业在美国诉讼的判决结果，增加了企业出海过程中的知识产权贸易壁垒风险。以韩国为例，据调研了解到，广东省企业在韩国与三星旗下公司发生的知识产权司法诉讼中，即便广东省企业没有发生侵犯对方知识产权的行为，也很难在韩国胜诉。究其原因，韩国行政主管部门主观认为三星不可能侵犯别人的知识产权。

仍以高通反垄断案为例，美国联邦贸易委员会（FTC）从2017年开始对高通专利许可商业活动涉嫌反竞争提起诉讼，认为高通滥用在无线通信市场的支配地位，收取不合理的高额专利费。2019年5月，加州圣何塞地方法院法官露西·科（Lucy Koh）支持该指控。对此，高通表示不服并立即提起上诉。2020年8月11日，美国上诉法院判决高通专利许可商业活动不构成反竞争，推翻了地方法院2019年的判决。高通作为全球手机芯片的标杆公司，一旦在美国被认定为垄断，很可能会引发其他国家对高通公司的反垄断审查，因此美国法院最新判决明显存在对本国企业的保护主义倾向。高通胜诉意味着高通可以继续利用在无线通信标准必要专利和芯片市场的支配地位收取高额专利费，对广东省企业参与美国市场竞争构成了实实在在的知识产权贸易壁垒。

第二节 广东省企业在"一带一路"沿线国家遭遇知识产权贸易壁垒情况

2013 年国家提出"一带一路"倡议以来❶,广东省积极推动与"一带一路"沿线国家的商贸往来。2020 年,广东省实现对"一带一路"沿线国家出口额达 11189.8 亿元人民币,占出口总额 25.7%,其中东盟、俄罗斯和印度是广东省的主要出口市场。然而,"一带一路"倡议涉及多个国家和地区,知识产权环境的复杂性和知识产权制度的差异化使广东省遭遇的知识产权贸易壁垒问题日益突出,知识产权侵权诉讼或恶意诉讼案件不断,更有海外竞争对手利用知识产权诉讼时间长、诉讼费用高的特点,通过资金、实力的较量限制我国企业进入某一市场。主要表现在以下三方面。

一、商标遭遇抢注事件时有发生

商标是企业开拓海外市场的重要名片,也是企业品牌体系的核心要素。由于商标权具有地域性,广东省企业的注册商标要想在海外获得法律保护,就必须在目标市场国家或地区获得商标权。随着广东省企业国际竞争力的不断增强,广东制造的品牌价值日益凸显,广东省商标在海外被抢注的事件时有发生,并呈现出由名牌企业商标被抢注向各行各业的商标被抢注的发展态势。以广东省知名企业美的集团出口拉美市场为例,美的集团早在 2000 年就已在拉美地区注册了商标 Midea。2006 年,在委内瑞拉仍发生有人恶意抢注美的商标的情形;广州帝腾"DETON"音响在印度尼西亚被一代理商抢注;2017 年 8 月 31 日,原国家工商行政管理总局商标局发布了一则"海外商标抢注预警信息",指出智利一商人抢注了中国 120 多家玩具企业厂名及商标,汕头澄海多家厂名及商标如华达、嘉达、鹏达、美致、中马、鸿森

---

❶ "一带",指的是"丝绸之路经济带",是陆路。它有三个走向:从中国出发,一是经中亚、俄罗斯到达欧洲;二是经中亚、西亚至波斯湾、地中海;三是中国到东南亚、南亚、印度洋。"一路",指的是"21 世纪海上丝绸之路",重点方向有两条:一是从中国沿海港口过南海到印度洋,延伸至欧洲;二是从中国沿海港口过南海到南太平洋。

等位列其中。

以上抢注行为一旦成功，可能阻碍广东省相关厂商的产品进入目标国家市场，直接影响企业利益。由此可见，不管是知名商标还是不知名商标，都存在海外被抢注的风险。一方面，海外职业商标掮客通过恶意抢注商标再以高价出售获取暴利；另一方面，一些企业为阻止竞争对手开拓海外目标市场，抢先注册对方的商标，占领市场先机，形成商标抢注型贸易壁垒，使竞争对手无法进入目标市场或者只能通过高价赎回、更换商标或司法诉讼等手段才能重新进入目标市场。然而，无论企业采取哪种应对策略，都需要投入大量的人力、财力和时间成本，往往导致错失进入目标市场的最佳时机，对企业造成重大损失。

二、假冒盗版商品屡禁不止

"一带一路"倡议涉及的国家众多，连通亚、欧、非三大洲，沿线国家经济发展水平、创新能力和法律制度存在巨大差异，导致知识产权发展状况和保护水平参差不齐。在东南亚，东盟各国在专利保护的立法模式、保护范围、执法程序都存在较大差异，柬埔寨、老挝、缅甸等国还未开始执行WTO协定下的《与贸易有关的知识产权协定》的相关条款。在南亚，印度尚未批准《关于工业品外观设计国际注册的海牙协定的日内瓦文本》和《保护植物新品种国际公约》的1991年文本（UPOV 1991），实施有效的专利保护非常困难，知识产权侵权行为仍很普遍。2018年6月，印度修订了海关执法方面的规则，海关当局不再有权扣留涉嫌侵犯专利权的货物，知识产权边境保护力度进一步减弱。即便在知识产权制度相对完善的俄罗斯，由于长期以来刑事诉讼和起诉效率不高、程序要求烦琐等，知识产权执法水平仍有待提高。

"一带一路"沿线国家中还存在一些经济发展水平不高、自主技术研发不够、自主品牌培育不足的国家，加之这些国家知识产权保护不力和知识产权意识薄弱，模仿他国专利技术和产品的情况较普遍，导致广东省企业在

"走出去"过程中经常遭遇被仿冒或被侵权,假冒盗版广东省企业品牌商品的现象屡禁不止。据经济合作与发展组织(OECD)2019年发布的"假冒和盗版商品的贸易趋势"显示,印度、泰国、土耳其、马来西亚和巴基斯坦等被确定为假冒产品的主要生产国,阿尔巴尼亚、摩洛哥、新加坡、乌克兰和阿拉伯联合酋长国等则是重要的假冒产品中转站。广东省作为外贸和制造大省,产品物美价廉,产品出口"一带一路"沿线国家时经常遭遇专利侵权行为,假冒盗版商品众多,损害了广东省出口企业的经济利益。

三、先发国家在专利上围攻堵截

随着研发投入的增加和科技实力的不断增强,广东省涌现出一批拥有自主知识产权和核心竞争力的优质企业。这些企业在参与"一带一路"市场竞争时,质优价廉的营销策略触动了一些跨国集团的商业利益。欧美日韩等很多跨国集团利用先发国家的技术优势,早在专利申请初期就在全球进行了专利布局。以全球最大的无线通信芯片制造商和最大的专利许可收费公司美国高通为例,截至2020年12月31日❶,高通及其关联公司所拥有的已公开或公告的专利申请总量约25.10万件,并在全球50个国家申请了专利,在国家的专利申请量占申请总量的43.18%,在世界知识产权组织的专利申请量占12.67%,在中国和印度的专利申请量分别占15.83%和7.29%,在其他经济体占21.03%,专利布局的地域非常广泛。

广东省企业在开拓"一带一路"沿线国家市场时,很容易遭遇专利侵权诉讼纠纷,遭遇类似高通等国际巨头在专利方面的围追堵截。国际巨头利用自身专利布局方面的先发优势,以及知识产权诉讼时间长、诉讼费用高的特点,通过资金、实力的较量来达到损害广东省企业声誉、排斥其市场地位、击垮竞争对手的目的。由于海外维权需要在时间、金钱及心理上付出高成本代价,广东省企业被他人仿冒和侵权后在当地提起知识产权侵权诉讼进行主动维权的仅占少数。

---

❶ 数据来源:智慧芽专利数据库。

广东省企业在"走出去"过程中，无论是出口欧美日韩等发达经济体，还是出口"一带一路"沿线国家，均遭遇了不同程度、不同类型的知识产权贸易壁垒。在发达国家，欧美等国凭借科技和知识产权战略布局等优势，通过"337调查"、司法诉讼、海关知识产权保护等手段，对广东省企业实施边境保护、知识产权滥用、技术标准型贸易壁垒，甚至发达国家政府以知识产权为手段制造的潜在的贸易壁垒风险，限制了广东省出口产品进入目标市场、抢占国际市场份额，削弱了广东省企业的国际竞争力。在"一带一路"沿线国家，不同国家经济体制、经济发展程度和法制建设环境的差异，使知识产权环境更具复杂性和差异化等特点。特别是发展中国家自身存在知识产权制度不完善和保护不足等现实问题，广东省在出口"一带一路"市场时，易于遭受商标被抢注、假冒盗版和发达国家的围追堵截等贸易壁垒。由此可见，知识产权贸易壁垒无处不在，广东省企业如何积极、有效地应对海外知识产权贸易壁垒，是企业能否成功走出去、参与国际竞争的关键。

第三章

广东省企业应对知识产权贸易
壁垒存在的主要问题

自我国加入WTO以来，广东省外向型经济发展迅速，成为全国外贸依存度最高的省份，也是遭遇海外知识产权贸易壁垒最多的省份。然而，广东省企业积极应对海外知识产权贸易壁垒的比例并不高，以美国"337调查"为例，粤企应诉率仅为39.92%。通过大量调研走访发现，广东省企业应对知识产权贸易壁垒存在以下问题。

第一节　企业知识产权管理不完善

我国知识产权制度建设起步晚，大量知识产权立法成果集中于近二三十年间出现，相当于用二三十年的时间走完了西方发达国家一两百年才走完的知识产权发展过程，缺少知识产权意识的浸透与沉积，导致企业对知识产权的重视程度不够，既不重视通过知识产权保护企业创造的智力成果与无形资产，也不重视知识产权风险管控与知识产权变现、运营，导致企业无形资产流失、知识产权侵权事件频繁出现，比如很多企业错误地认为只要是独立研发出来的成果，就对其享有专有权利。这些认识上的不足和战略规划的缺失，都会导致企业辛辛苦苦获得的智力成果流失，给企业造成巨大的经济损失。

一、企业缺乏知识产权战略意识

在知识经济时代，知识产权管理工作在高新技术企业中扮演着越来越重要的角色，它不仅是高新技术企业经营管理的重要环节，而且是提高企业市场竞争力、提升企业市场地位的助推器。❶广东省高新技术企业知识产权管理方面暴露出的问题严重影响着企业知识产权管理能力的提高，制约着企业的市场竞争能力和发展水平。国家知识产权局的调查数据显示，只有34.70%的企业设有专门管理知识产权事务的部门。❷超过六成的企业并没有设置独立的知识产权事务管理部门，可见很多企业尚未树立知识产权管理意识。

二、企业海外知识产权布局意识薄弱

对于部分率先走出去、经历了海外知识产权贸易壁垒和纠纷的企业来说，虽然已经设立了相应的知识产权管理部门，但多数企业不善于运用知识产权，没有在海外进行知识产权布局，或者虽然在目标国申请了零散的专利、注册了少量的商标，但无法对竞争对手形成威胁，遇到知识产权纠纷时只能被动应对。知识产权竞争是国际化经营的常态，要进入国际市场，绝不能回避知识产权竞争。然而，广东省部分企业缺乏知识产权战略意识，在海外进行知识产权布局的意识较弱。

虽然广东省PCT专利申请量和商标注册量均居全国第一，但PCT专利申请量仅占广东省专利授权量的3.96%，知识产权布局主要集中在国内，海外布局少。以魅族为例，虽然目前魅族已经在全球24个国家或地区进行了专利申请，但其专利申请仍然主要分布在中国，在中国的专利申请数量占比为95.82%。❸近年来，以通信设备制造业为代表的电子信息制造产业发展迅猛，相关龙头企业知识产权全球化战略布局走在前列。然而，与国际巨头相比，无论是在专利数量方面，还是在海外目标市场国家专利布局方面，仍存在一定差距。

---

❶ J. Robert, M. Sherwood. Intellectual Property and Economic Development [J].West view Press, 1990:24.
❷ 国家知识产权局.2019年中国专利调查报告.[EB/OL].（2020-03-09）https://www.cnipa.gov.cn/module/download/down.jsp?i_ID=40213&colID=88.
❸ 智慧芽专利数据库。数据库每日更新，因此，本报告中所有使用的数据都将随着专利状态的改变而发生变化，专利申请存在多个公开版本的，只记为一件专利申请，不重复统计，数据收集日期为2021年3月18日，下同。

第二节　企业海外知识产权保护力度不够

近年来，广东省在海外知识产权申请数量显著增加，位居全国前列。但与欧美日韩等发达经济体相比，广东省企业海外知识产权保护还有很大差距。很多企业在进行海外扩张时，并未把知识产权保护纳入其经营战略范围。企业在制订海外发展计划或投资计划时，往往更关注的是市场调查、东道国的投资贸易法律监管、公司设立与劳动力成本等与企业经济效益关联性更强的方面，知识产权并未被纳入考虑范围。企业国际知识产权保护往往滞后于其海外市场开拓步伐。随着广东省企业自主研发能力及创新能力的提升，它们越来越多地参与到全球竞争中，越来越多的企业品牌、技术被国外熟知，在广东省企业海外知识产权保护力度不够的情况下，就极易出现企业知识产权被侵犯，导致商标被抢注、产品被假冒现象严重。

2020年，广东省马德里国际商标注册量仅占广东省商标注册总量的0.11%，通过PCT途径提交的国际专利申请量仅占全省专利授权量的3.96%[1]，全省出口货物总额占地区生产总值的39.27%[2]。马德里商标国际注册申请量、PCT申请量不仅与全省商标注册申请量和专利申请量有明显差距，也与广东省的外贸出口量极不相称。在实践中，有的企业由于缺乏对品牌国际化的了解、资金实力有限、对国际市场规则不熟悉等原因，忽视商标国际注册、专利国际申请工作，意识不到知识产权保护的重要性，等到要拓展某国市场时，才想到去该国申请注册商标、专利，但此时往往发现其商标早已被他人抢注。知识产权保护意识薄弱，为国外企业和个人抢注和申请广东省企业的商标提供了可乘之机，也给广东省企业参与全球竞争埋下了巨大隐患。例如，2004年康佳、德赛等公司商标在俄罗斯遭到一家本地公司恶意注册，一家名叫"莫奥斯泊罗夫公司"的公司声称获得了康佳英文商标

---

[1] 广东省市场监督管理局（知识产权局）.数据发布.[EB/OL].〔2021-06-11〕http://amr.gd.gov.cn/zwgk/sjfb/index.html.

[2] 广东省统计局.2020年广东省国民经济和社会发展统计公报.[EB/OL].〔2021-03-01〕.http://stats.gd.gov.cn/tjgb/content/post_3232254.html.

"KON-KA"、德赛英文商标"DESAY"等广东省知名企业的商标，给广东省企业进军俄罗斯市场造成了很多知识产权贸易壁垒并带来了不必要的经济损失。

第三节　不熟悉海外目标市场国家知识产权法律环境

近年来，广东省企业纷纷借助政策、市场等有利因素走出国门，在海外获得快速发展。但很多企业在"走出去"后，才发现不熟悉所在国的知识产权法律，因此遭遇知识产权纠纷。知识产权具有地域性，国内一些企业的产品在国内没有遇到知识产权侵权纠纷，但是一出口到国外就产生知识产权纠纷，被指控专利侵权、商标侵权等，甚至被查扣、封存、责令赔偿。其根本原因就是这些企业不熟悉法律制度和法律规定的差异。各国知识产权制度存在差异，作为一个外国企业的智力成果在我国没有申请知识产权、取得知识产权保护，不等于在其他国家也一定不能申请专利、取得专利保护。特别是对于一些仿制外国的产品，更是如此。有些企业不知道这一常识，才吃了大亏。

一、未及时跟踪掌握海外知识产权信息资源

企业的海外知识产权信息资源普及、更新和覆盖率不足是主要问题。知识产权信息是企业参与市场竞争的重要资源，企业对海外知识产权制度环境信息等不了解，难以利用有利的规则，无法规避不利的情形。虽然省内企业"走出去"的积极性很高，但是外向型企业在走向海外市场的过程中，缺乏对目标市场同类产品或服务知识产权信息的了解和掌握，缺乏有效的信息获取渠道，在面临知识产权纠纷时难以选择目标国中优秀的法律服务机构，或缺乏有效顺畅的沟通，缺乏必要的信任，因而不利于及时化解知识产权纠纷。

例如，商标是企业重要的无形资产，是企业信誉的重要载体。通常中国企业的商标在海外遭抢注后，有 3 种解决途径，即赎回商标、放弃市场、另换商标。但是无论采取哪种方式都会给企业造成一定程度的损失。因为企业往往难以及时获知抢注信息。虽然大多数国家和地区都有授予商标权的行为，并且商标注册之前有公示程序，但公示采用各个国家或地区的官方语言，难以引起中国企业注意。此外，在我国，商标注册前公示期为 3 个月，时间比较充分，但在国际上，有些国家和地区公示期仅为 1 个月，在如此短暂的时间内，中国企业发现并及时采取措施的难度较大。信息资源的缺乏是企业不熟悉海外目标市场国家知识产权法律环境的原因之一。

二、不熟悉目标国知识产权政策环境

企业所面临的海外知识产权法律环境十分复杂。面对复杂的国际形势，企业在遵守我国法律法规的前提下，也需要遵守目标市场国的法律制度，适应不同目标市场国家不同的知识产权法律环境。然而，每个国家的法律体系均存在差异，这无疑增大了企业海外知识产权保护的难度。

例如，专利权利要求的撰写方式、权利要求的解释方式、等同侵权原则的适用方式，世界各国都存在一定的差异。又如在商标注册申请方面，有些国家有实际使用或者意图使用的要求，而有些国家则没有这样的要求。除了实体法上的差异，在专利申请程序和商标注册的申请程序上，在民事诉讼和刑事诉讼的程序上，以及在诉讼证据的要求方面，都存在一定的不同。而各个国家和地区的官方语言不同，也使企业在获取知识储备的时候，难度增大。

三、人力和财力投入少，法律知识储备支撑不足

目前，广东省企业特别是中小型企业现有的法律顾问基本是兼职律师，其工作职责大部分仅限于对合同的审核和对一些基本的人事纠纷处理，缺乏应对海外知识产权纠纷的经验，无法有效获取专业高效的知识产权服务支

持。并且企业不重视对海外知识产权的培训投入。调查发现，广东省企业在制订和实施年度培训计划中，往往只限于生产需要的培训科目，对知识产权甚至海外知识产权鲜有提及。同时，对目标市场国家知识产权法律环境的研究投入较少，资金支持力度有限，从而在应对海外知识产权贸易壁垒时，往往难以及时制定有效的应对策略。

相比较而言，海外的跨国公司非常重视知识产权教育、培训和资金投入。例如，日立公司经常不定期在公司内部开课，供知识产权人员进修。课程内容包括商标、有关软件的专利保护、案例研究、著作权、技术契约、专利情报、专利战略等。对有意考取专利代理人的知识产权人员，公司还提供半年到一年不等的时间让报考者准备考试，唯一的要求是考上的专利代理人员以后仍须在日立公司服务。日立公司还经常针对不同阶层的员工施以多元化的知识产权教育，包括计算机软件、专利法基础课程、知识产权法律和案例解说及一般的管理课程等。

第四节 缺少应对知识产权贸易壁垒的高素质综合性人才

知识产权战略作为企业的主要竞争战略，人才是其发展运作的核心要素。一个行业的兴盛崛起必然不能忽视人才在其中的巨大作用。人才是企业的重要资源，是其在行业竞争的有力武器。当今世界的竞争归根结底是经济实力的竞争，是科技创新能力的竞争，是人才的竞争。因此，在知识产权战略中，必须把人才战略摆在首要位置。然而，广东省仍存在知识产权领域高素质综合性人才不足的情况，主要表现在以下几个方面。

一、知识产权专业人才总量不足

知识产权专业人才要求不仅包括知识产权相关知识、技术和能力的培训，也包括职业道德、工作丰富化和职业生涯管理等要求；人才包括知识产权行政管理与执法人员、审查人员、中介服务人员和企事业单位相关人员等。从广东省目前的知识产权专业人才基本情况来看，数量略显不足。

以知识产权服务人才为例，2020 年广东省共有执业专利代理师 3162 人（图 3-1）❶，专利代理机构及其分支机构 1006 家，对比于广东省拥有的高新技术企业 5.28 万家，专利授权总量 70.97 万件，发明专利授权量 7.07 万件❷。平均每位专利代理师要面对 17 家高新技术企业，人均代理 224 个专利，22 个发明专利。专利代理师的数量远远无法满足广东省企业的创新发展需求。

图 3-1　2017—2020 年广东省专利代理师人数

随着商品经济的发展，海外贸易的需求日益增长，广东省对外贸易过程中出现的知识产权贸易纠纷也逐渐增多，应对海外知识产权贸易壁垒专业人才需求也在不断增长，虽然知识产权人才在不断增长，但还是远远达不到市场需求。目前，大部分知识产权专门人才主要集中在大中型企业及服务机构、行业协会和政府，在应对海外知识产权纠纷的时候，大型企业在维权的道路上举步维艰，相对来讲，中小型企业在专业人才匮乏的情况下，难度更大。

---

❶　搜狐.广东专利代理协会 2020 年年会暨第五届创新知识产权服务论坛在穗成功举办.[EB/OL].〔2021-01-11〕[2021-03-08].https://www.sohu.com/a/443754006_195414.

❷　数据来源于广东省统计局.2020 年广东省国民经济和社会发展统计公报.[EB/OL].〔2021-03-01].http://stats.gd.gov.cn/tjgb/content/post_3232254.html.

二、人才素质有待提高

应对海外知识产权贸易壁垒，需要综合素质很高的专业人才。专业人才队伍不仅要具有专业扎实的知识产权理论功底和实践经验，还要有丰富的科技知识、法律知识、网络信息知识、经济管理知识，以及外语沟通能力和商务谈判能力，等等。这点可以从各国对知识产权人才的培养方面窥知一二。

在美国，法学院是教授知识产权高等教育的唯一机构。美国高校往往从大学理工科本科毕业生中招收知识产权法专业学生，所以它们培养的知识产权专业人才更符合市场需求。首先，美国高校知识产权人才培养目标非常明确。很多时候美国是把知识产权教育作为职业教育。学生入学之前对自己的学习生涯、职业生涯都已经有了清晰的规划，所以，在这种培养模式下不会出现教育资源浪费的情况，学校所教授的也是学生希望学习的。其次，在课程设置上，美国知识产权专业除了讲授法学基础课程外，还特别注重将实践中的问题引入课堂。这主要体现在选修课上，选修课是根据美国科技与知识产权政策的调整而开设的，根据学校的传统特点，课程包括了娱乐法、传统知识保护、电子商务、网络法、知识产权战略和管理、知识产权诉讼、知识产权交易等。不管是必修课还是选修课，课堂教学的材料主要来自美国司法实践中的知识产权案例。学生可以通过课程的学习提前为职业生涯做好准备。最后，师资上，美国知识产权专业多是兼职教师。他们有着丰富的实践经验，因此可以在课堂上给学生带来一线的实践体验。

在德国，知识产权人才的培养方案，就是把法律实践活动作为人才培养的必经阶段，并纳入人才培养计划，使他们在学习阶段就能边工作、边学习，理论联系实际，学以致用、学用结合，在理论与实践的结合中培养知识产权的专业人才。学生法律实践活动需要两年到两年半时间，并作为参加第一次司法考试的必要条件。学生在完成学业后，需要参加两次国家举行的司法考试才能取得州政府颁发的合格证书。德国的知识产权人才培养对象不仅局限于高校知识产权专业学生，也包括企业员工。德国的不少企业特别注意对员工知识产权知识的培训，例如定期对员工进行法律、技术等知识的轮训，或者选派员工到高校、专利事务所去学习，鼓励有专业背景的员工去参加专利律师资格考试，从而为本企业做好知识产权人才储备。

在日本，国家高度重视实践型知识产权人才的培养。小学阶段就开始普及知识产权教育。在高等教育方面，一方面，日本在大学开设法学研究生院、知识产权专门人员研究生院、技术经营专业课程、法学研究生院夜校、晚间知识产权讲座；另一方面，加强法学研究生院的知识产权教育，促进法学研究生院与理科研究生院联合培养既具有科技素养又兼有法学素养的知识产权人才。另外，在课程设置上，日本知识产权专业本科生和研究生的课程涉及法学、理工科学等方面的知识，注重课程的产学结合。在课堂上，也是由具有丰富实践经验的教师讲授。日本政府还出资联合知识产权研究会、发明协会等社会组织，撰写与出版了许多针对不同人群的知识产权教材与教辅，实施有针对性的知识产权全民教育。

在新加坡，政府注重加强短期职业培训。2003年，新加坡成立知识产权学院。2012年，新加坡知识产权学院经过重组隶属于新加坡知识产权局管理后，教学宗旨更倾向于短期职业培训。服务对象主要为商业组织、科研机构、知识产权专家和其他知识产权的创造者和使用者；教学对象主要有专利代理人和律师、中小型企业知识产权顾问、研究人员和负责知识产权组合的人士、政府工作人员等。

就广东省而言，设有知识产权学院或知识产权专业的暨南大学、华南理工大学、中山大学、华南师范大学等，皆为国家"211工程"大学。一些省属高校，甚至是省属重点高校，也不一定设置有专门的知识产权教研机构或知识产权专业。这些学生毕业后主要服务于广东省，知识产权教育的缺失，势必在一定程度上影响其创新潜能。

三、人才类型结构失衡

广东省知识产权人才培养的主要问题不仅是数量问题，更是人才分布问题。广东省受地理因素和历史因素的影响，珠江三角洲在区域经济发展和总量上占有绝对优势，粤东、粤西、粤北一直较为落后。人才往往有向经济发达地区聚集的态势，知识产权人才亦是如此。2019 年，广东省实际参加就业的毕业生为 53.92 万人，留在广东省就业的毕业生占已就业毕业生的 94.82%。珠江三角洲地区 9 个地级市，共吸纳 38.74 万名毕业生，占已就业毕业生数的 83.07%，粤东、粤西、粤北地区分别吸纳 5.99%、3.97%、1.79%（图 3-2）❶。其中，法律及法学专业毕业生总数为 8407 人，按照毕业生就业地区比例计算，约 7000 人选择在珠江三角洲就业。在知识产权人才原本就处于匮乏的情况下，这种人才集聚效应会更加导致两极分化严重。

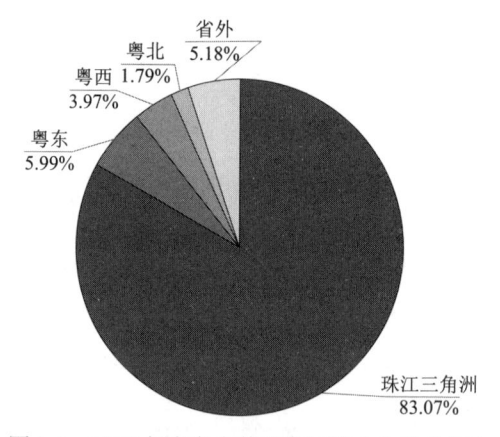

图 3-2　2019 年广东省普通高校毕业生就业流向

第五节　海外维权成本高

众所周知，在海外打官司律师费昂贵，特别是知识产权诉讼领域，由于技术问题复杂、证据量大、准备和审理周期长等原因，专利侵权诉讼中的律师费往往是最高的。高昂的律师费也成为权利人维权以及应对诉讼的沉重负担。对于很多小企业来讲，如果在一宗美国知识产权侵权诉讼中败诉，很

---

❶　金羊网. 广东省教育厅发布 2019 年高校毕业生就业质量年度报告 .[EB/OL].〔2020-02-23〕〔2021-03-08〕.http://edu.ycwb.com/2020-02/23/content_30591258.htm.

可能是灭顶之灾，即使是大企业也可能会元气大伤。在遭遇知识产权纠纷时，不打官司，意味着要支付高额的赔偿费用或退出目标市场；打官司，则意味着要支付高额的诉讼费用。在海外应对知识产权诉讼，维权成本主要体现在经济成本和时间成本两方面。

一、海外知识产权诉讼费用远高于国内同类案件

对广东省内有应对海外知识产权纠纷经验的企业调查发现，在美国打知识产权官司平均要花费 100 万～600 万美元，在欧洲打知识产权官司平均要花 30 万～50 万欧元，在日本打知识产权官司一审平均要花 30 万～50 万美元。许多知识产权案件的诉讼费用可能高达数百万美元甚至数千万美元，加之语言等因素，涉案企业往往花费更多，这让很多企业对打知识产权官司望而却步。海外知识产权维权经济成本主要包括诉讼官方费用、律师费用、专家证人费用和赔偿费用等。

（一）诉讼官方费用

各国家或地区的诉讼官方费用所包含的内容略有不同。例如，美国的诉讼官方费用项目特别多，这些费用包括案件受理费用、取证费用、调解费用、法院记录员费用、执行官费用、翻译人员费用、文件费用等十几项；日本的诉讼官方费用包含法庭费、邮寄费和押金；韩国的诉讼官方费用则只有申请费、诉讼押金。其中，在存在商业纠纷的情况下，押金是标的金额的 20%～40%。该部分费用，会在案件审理结束后扣除相应费用返还（若对方胜诉，享有追索权，须支付对方的交通费、律师费等诉讼费用）。当然，综合来讲，这部分诉讼官方费用并不高。

（二）律师费用

各国家或地区略有不同。据不完全统计，美国知识产权资深律师的收费是 700～800 美元/小时（英美等国家的律师一般都采用小时收费制）；

英国资深律师的收费是 1000 欧元 / 小时或以上；加拿大民事诉讼律师的收费是平均 1175 加拿大元 / 小时[1]；而根据《商法》杂志在 2018 年 12 月底发布的《2018 年中国律师事务所费率调查》最新统计数据显示，中国内地律师平均收费为 2792 元人民币 / 小时，分别约为美国、英国和加拿大的 51.25%、35.14% 和 46.71%。

在美国打知识产权官司，尤其是专利官司，当事人还需要聘请一个律师团队。除了要支付资深律师的费用，律师助理花费的时间也要计算在内，每小时从 50～100 美元不等，有些甚至达到 150 美元。如果按一个普通的专利案件进入初审阶段计算，花费就已经在 100 万美元左右，更别提那些复杂的生物、高科技案件。有的案子从初审法院打到联邦巡回上诉法院，可能要花费 1000 多万美元，甚至更多。

（三）专家证人费用

在美国的知识产权案件尤其是专利案件中，原被告双方都要聘请专家证人。专家包括技术专家、专利法专家和财务专家。专家证人的聘请由原被告自行解决，法院一般不予干涉。专家证人受聘后，要向对方提交专家报告，并要接受对方律师对专家报告以及证人本人的讯问。专家证人大多数情况下还要出庭作证。而且一般诉讼的发现程序往往历时一年或者若干年，双方要互相提交成千上万页的文件，专家证人按小时收费，每位专家证人的小时费从 100～400 美元不等，每位专家证人的费用也从几万美元到几十万美元不等。因此，专家证人的费用在诉讼中是一个非常庞大的数字。所以可想而知，整个知识产权诉讼程序的花费有多大，而且还在呈不断上涨的趋势。

（四）赔偿费用

国外对知识产权侵权行为实行惩罚性赔偿的态度与方式各不相同，美

---

[1] 2020 年《加拿大律师杂志》显示，民事诉讼律师平均开庭 2 天 18 805 加拿大元，按每天 8 小时计算。

国、加拿大、英国、德国和法国等具有代表性。例如，美国知识产权法律明确规定了侵权者应承担的惩罚性赔偿责任，即在补偿性赔偿金基础上增加了额外的赔偿，法院可以判令被告支付高达损害赔偿 3 倍的惩罚性赔偿，侵权者还可能被判令支付权利人全部或部分律师费。这种侵权惩罚对于企业的打击是非常大的，有的企业常常因此而濒临破产甚至倒闭。在美国已经审结的知识产权诉讼案例中，判决赔偿高于 1 亿美元的有数十件之多，超过 1000 万美元的则更多。为此，很多人选择和解。美国一年大概受理 1 万起专利案件，90% 以上的专利案件选择和解。

二、时间成本

海外知识产权纠纷案件，由于受地域法律制度、律师水平、证据开示、文件翻译等诸多因素影响，以及诉讼的波折、反复性，导致海外知识产权纠纷案件处理时间跨度长、风险高，加之有语言的障碍，需要额外增加较多的时间成本。因此，海外知识产权案件处理时间耗时较长，往往数年之久。

（一）不同国家或地区诉讼效率不同

在不同的国家或地区，企业所要承担的时间成本也有所不同，欧美发达国家及日本、韩国、新加坡等国家的司法效率高，比较简单的专利纠纷案件，一般所耗费的时间以 1～2 年居多。但是像部分南美、东南亚、非洲国家的诉讼，存有法院腐败、执行力低下、耗时长的通病。以南非为例，法律体系复杂，诉讼最快也得 2～3 年，有的案件甚至 5～8 年还没结束，关键是这些国家法律宽容债务方，很难胜诉，即使胜诉了也难以执行（表 3-1）。

表 3-1 部分国家或地区诉讼审限

国别	诉讼审限
韩国	一审 9～12 个月，二审 6～9 个月，三审 6～9 个月

续表

国别	诉讼审限
日本	平均审限在 1 年半左右
德国	正常诉讼程序需要 5～6 个月，上诉程序所需时间较长
土耳其	平均 6～18 个月
美国	平均在 1～3 年不等
阿拉伯联合酋长国	平均案件审限在 1 年左右
南非	平均至少需 2～3 年
巴西	至少需 10 个月，长则 5～8 年

（二）诉讼制度差异

由于美国的诉讼制度与中国不同，加之知识产权案件本身的复杂性，使这类案件的审理周期比较长。同时，由于大多数法官缺乏与案件相关的技术领域的专门知识，律师需要花费大量时间与法官进行沟通，使其充分了解涉案专利的技术背景。另外，美国诉讼中涉及的程序有一部分在双方当事人之间进行，叫"证据开示制度（discovery）"，在诉讼开始后、正式开庭前进行，法院在必要时介入。一个专利案件，在证据调查程序中，双方需要交换的文件可能多达万页，而且会耗费大量时日。一旦开庭审理后，审理的时间可能长达数十天，仅是专利权利要求的保护范围，双方要争论的技术和法律问题可能就有许多。

（三）司法程序与行政程序的差异

以美国为例，美国法院诉讼与美国"337 调查"案件平均所用时长也有所不同。在"337 调查"中，美国国际贸易委员会一般在 12～15 个月内结束调查，复杂案件可能会延长至 18 个月，而法院诉讼案件一般没有时间限制。以广东省打印耗材行业涉海外知识产权纠纷为例，据不完全统计，自 2006 年第一起针对广东省打印耗材企业的美国"337 调查"案件发生至 2020 年年底，广东省企业涉及"337 调查"的案件共有 14 起，案件平均时长 13.31 个月；涉及美国法院诉讼的专利侵权案件有 14 起，案件平均时长 27.59 个月。

本章通过整理分析广东省知识产权现状和相关数据，梳理出广东省企业应对海外知识产权贸易壁垒问题，主要包括企业缺乏知识产权战略意识、国际知识产权保护意识薄弱、不熟悉海外知识产权法律环境、缺少综合性人才和海外维权成本高五个方面。

从企业内部因素出发，企业缺乏知识产权战略意识、国际知识产权保护意识薄弱、不熟悉海外知识产权法律环境，成为企业亟待解决的首要问题。从外部因素来看，缺少综合性人才和海外维权成本高，是社会环境所致。加强企业内部知识产权管理，提高战略定位势在必行，鼓励和引导企业积极利用国外规则，保护自身的知识产权并运用规则掌握主动权，摆脱国外企业的牵制，进入国际市场更有话语权。

第四章
广东省企业面对海外知识产权贸易壁垒应对不力的主要原因

广东省在应对知识产权贸易壁垒方面一直存在上述问题，想要找出其中的症结，须知其所以然，从问题的根本原因出发。本章通过实证数据分析，认为广东省应对知识产权贸易壁垒难的原因主要有以下几个方面。

第一节 企业核心技术知识产权创新能力不足[1]

衡量一国或地区创新能力的指标包括四个方面：一是反映创新投入情况，用"R&D 经费投入强度"等指标衡量；二是反映创新能力状况，用"对外技术依存度"等指标衡量；三是反映创新效益，用"科技进步贡献率""本国人发明专利年度授权量""国际科学论文被引用数"等指标衡量；四是反映创新竞争力，用"三方专利占世界比值""PCT 专利申请量"等指标衡量。如果一个国家或地区的创新投入大、创新能力强、创新绩效优、创新竞争力强，则该国家或地区的创新能力强。广东省的创新能力指标如下。

一、科研经费投入大，但基础研究投入严重不足

近年来，广东省研发投入快速增长，2019 年研究与试验发展（R&D）经费支出 3098.49 亿元人民币，位列全国第一；R&D 经费支出占地区生产总值比重 2.88%，超过发达国家 2.2% 的平均水平。但从 R&D 经费支出的结构看，基础研究经费支出比例偏低，占 R&D 经费支出总量 4.58%，仅相当于美

---

[1] 本节宏观经济数据来源于 2021 年《广东统计年鉴》及相关省统计年鉴；知识产权数据来源于广东省市场监督管理局（知识产权局）官网。

国（17.2%）、英国（16.9%）等发达国家的 1/4 ～ 1/3（图 4-1）❶。基础研究的累积性进步和突破性发展往往能够引领带动科学技术和创新发生整体性、格局性的深刻变化，进而对经济社会全面发展产生基础性、决定性和长期性影响。广东省重技术开发、轻基础研究，基础研究和应用基础研究投入不足，不能满足经济发展新常态对基础研究源头供给的需求，制约了创新能力的提升。

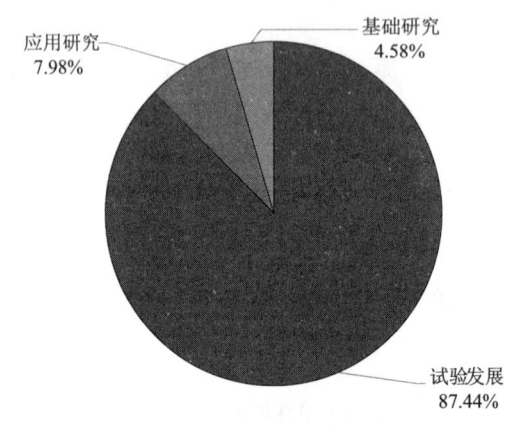

图 4-1　2019 年广东省 R&D 经费结构

二、知识产权综合实力全国领先，但与发达国家相比仍有较大差距

广东省知识产权综合发展指数和运用、保护指数均居全国第一，知识产权综合实力连续 19 年居全国首位；科技进步贡献率达 59.50%，基本达到创新型地区水平。2020 年，广东省每万人口发明专利拥有量 28.04 件，是 2010 年的 6 倍，比全国平均水平高 12.24 件。但从世界范围看，日本万人发明专利拥有量为 129.10 件，位居第一；韩国万人发明专利拥有量为 45.80 件，位居第二；美国紧随其后，以万人发明专利拥有量 43.50 件名列第三❷。综上可以看出，虽然近十年来广东省知识产权发展水平日益提升，位居全国第一，但与发达国家相比仍有较大差距。

---

❶ 广东省统计局 国家统计局广东调查总队 .2021 年《广东省统计年鉴》[M]. 北京：中国统计出版社 ,2021.
❷ 14 个国家"万人发明专利拥有量"对比，日本排名第一 .[EB/OL].〈2017-12-12〕〔2021-03-08].https://www.sohu.com/a/210001011_793592.

三、PCT 国际专利申请量连续 19 年保持全国第一，但国际竞争力不强

2020 年，广东省通过 PCT 途径提交的国际专利申请量为 2.81 万件，同比增长 13.64%，占全国总量的 41.94%，连续 19 年保持全国第一（图 4-2）[1]；有效发明专利量为 35.05 万件，同比增长 18.46%；5 年以上有效发明专利维持率超 75%，明显高于江苏、浙江、山东等；专利已成为广东新兴产业高质量发展极其重要的创新资源和核心竞争力。但从广东省企业涉海外知识产权贸易壁垒案件应对结果看，广东省出口产品专利的国际竞争力不强，是导致专利侵权纠纷不断增加的主要原因。

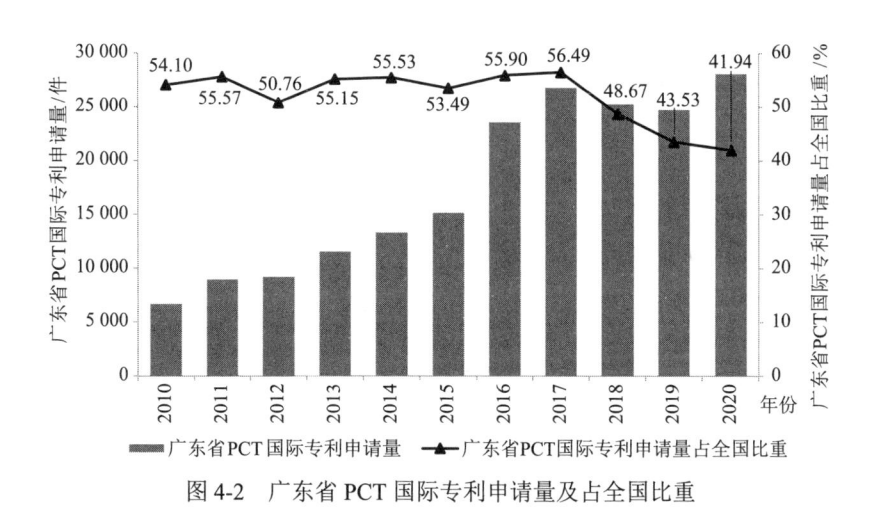

图 4-2 广东省 PCT 国际专利申请量及占全国比重

四、专利申请量和授权量全国居首，但发明专利占比偏低

2020 年，广东省专利申请量和授权量分别为 101.90 万件和 70.97 万件，同比增长 26.16% 和 34.57%；其中，发明专利申请量和授权量分别为 22.96 万件和 7.07 万件，均位居全国第一。但从专利的三大类型看，截至 2020 年年底，发明、外观设计和实用新型三种专利的授权量占比分别为 9.96%、

---

[1] 广东省市场监督管理局（知识产权局）. 数据发布 [EB/OL].〔2021-06-11〕http://amr.gd.gov.cn/zwgk/sjfb/index.html.

36.37% 和 53.67%（图 4-3）❶，最能体现企业创新能力和核心竞争力的发明专利授权量偏低。据统计，美国专利商标局授权的各类专利中，发明专利（utility patent，也称为实用专利）的数量占九成；设计专利（design patent）、植物专利（plant patent）、再颁专利（reissue patent）等类型的专利数量不足 10%。

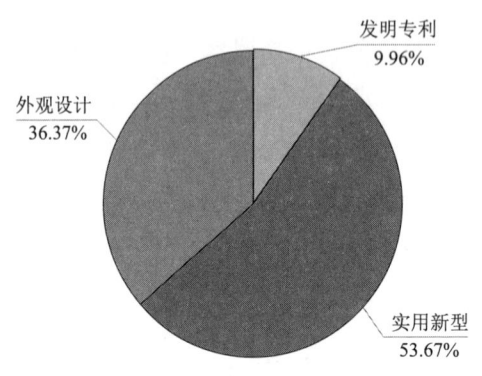

图 4-3　2020 年广东省各类专利授权量占比

五、加工贸易占比大，企业创新动能不足

2020 年，广东省海关进出口总额 70 844.82 亿元人民币，外贸依存度❷高达 63.96%，比全国平均水平（31.70%）高一倍，比浙江省（52.32%）、江苏省（43.32%）高出 11.64 和 20.64 个百分点；加工贸易出口占全省出口额 29.71%，仅为 2010 年加工贸易出口占比（60.80%）的一半，但与浙江省 7.10% 的加工贸易份额相比，广东省外贸"两头在外"的特征明显，很多行业依旧处于价值链低端（图 4-4）❸。

---

❶ 广东省市场监督管理局（知识产权局）.数据发布.[EB/OL].〔2021-06-11〕http://amr.gd.gov.cn/zwgk/sjfb/index.html.

❷ 外贸依存度是一国经济依赖对外贸易的程度，其定量表现是一国进出口贸易总额与其地区生产总值之比.

❸ 广东省统计局.2020 年广东省国民经济和社会发展统计公报.[EB/OL].〔2021-03-01〕.http://stats.gd.gov.cn/tjgb/content/post_3232254.html；浙江省统计局.2020 年浙江省国民经济和社会发展统计公报.[EB/OL].〔2021-02-28〕.http://tjj.zj.gov.cn/art/2021/2/28/art_1229129205_4524495.html；江苏省统计局.2020 年江苏省国民经济和社会发展统计公报.[EB/OL].〔2021-03-10〕.http://tj.jiangsu.gov.cn/art/2021/3/10/art_4031_9698925.html.

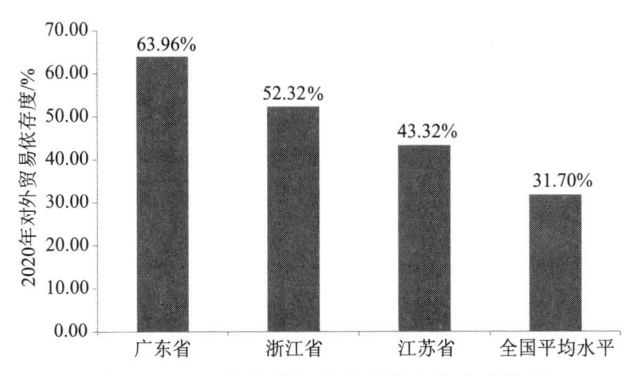

图 4-4 2020 年粤苏浙和全国外贸依存度比较

目前，我国技术处于世界"领跑"位置的还不多，绝大多数技术依然处于"并跑"和"跟跑"的阶段。加工贸易企业长期进行国际代工，计算机、电子及光学制品业、汽车、电气设备制造业等行业的材料及中间产品对外依存度较高，特别是以上行业中"两头在外"的加工贸易企业。即使像广东省自主品牌如美的、格力和格兰仕等大企业，仍约有 50% 产品为贴牌出口。

"重视技术设备的引进、轻视引进后的消化、吸收和改进"的观念会严重阻碍广东省企业的创新。部分企业缺乏自主知识产权，许多产品的"心脏"部位都采取"拿来主义"的政策，引进技术就成了照搬照抄，即使通过吸收、消化进行了创新，也没有有效地利用知识产权制度在国外申请专利保护，弱化了自身应对外部环境冲击和知识产权贸易壁垒纠纷的能力。

第二节 中小型企业应对海外知识产权贸易壁垒能力有限

广东省中小型企业数量超过 700 万家，占全省企业总数的 95%[1]。2020年，规模以上工业企业中，大型企业实现增加值 15 850.39 亿元人民币，同比增长 1.70%，占广东省规模以上工业企业增加值的 47.96%；中小型企业

---

[1] 新浪新闻. 质量创新成中小企业转型升级普遍路径 广东将"质造"进行到底.[EB/OL].（2018-02-13）〔2020-11-08〕.https://news.sina.cn/gn/2018-02-13/detail-ifyrkrva8176543.d.html?oid=3794291102706557&pos=3.

分别实现增加值为 7599.87 亿元人民币、9276.08 亿元人民币和 324.16 亿元人民币，同比增长 3.90%、-0.50% 和 -8.70%，占广东省规模以上工业企业增加值比重分别为 22.99%、28.07%、9.81%。中小型企业在广东省经济发展中发挥着重要的作用，但其应对海外知识产权贸易壁垒能力有限，主要原因包括以下两个方面。

一、中小型企业创新能力弱

中小型企业虽然数量众多，但研发支出偏低。从广东省研究与试验发展经费支出情况看（图 4-5），中型企业和小型企业研究与试验发展经费支出占全省研发支出总额的比重分别为 19.03% 和 22.58%，二者之和约占大型企业研发支出（58.39%）的七成，研发投入不足制约了企业创新能力的提升。据了解，只有 3% 和 1% 的中型企业和小型企业申请过或获得过专利。❶ 缺少知识产权保驾护航，中小型企业在走出去过程中易遭遇知识产权侵权纠纷。

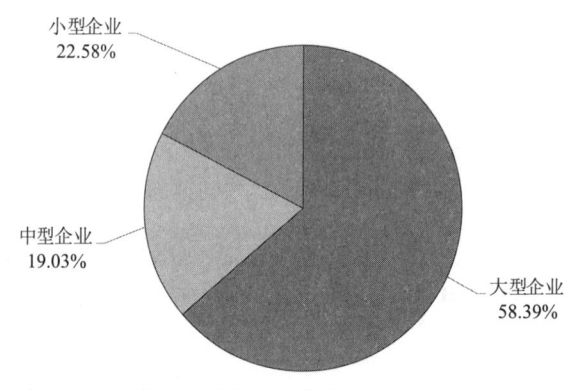

图 4-5　研究与试验发展经费支出企业类型占比构成

二、中小型企业盈利能力不足

近年来，随着原材料和人工成本逐步上升，企业运营成本增长较快，

---

❶　新华网.质量创新成为广东省中型和小微企业转型升级的普遍路径.[EB/OL].（2018-02-14）[2020-03-08].
http://www.xinhuanet.com/info/2018-02/14/c_136974658.htm.

挤压了利润空间。伴随着经济下行压力加大，国际贸易摩擦不断，企业亏损情况严重。2020年，广东省规模以上工业企业55 605家，亏损企业10 690家，亏损面为19.22%，比2019年提高2.92个百分点；亏损额1017.98亿元人民币，同比增长8.50%。中小型企业总资产贡献率低于大型企业，资产负债率偏高。中小型企业盈利能力不足，使它们在遭遇海外知识产权贸易壁垒时，无法承担高额的应诉成本，往往是不战而逃，被迫放弃目标市场。

第三节　知识产权领域基础设施和人才匮乏

专业人才是掌握知识、进行研发和创新的基础。由于历史原因，广东省存在高等院校、科研机构布局不足，高水平实验室、国家大科学装置等基础研究平台建设不够完善和科技人才匮乏等问题，主要体现在以下五个方面。

一、高等教育优势不足

高等教育为科学技术的发展培养所需人才。科技的进步和先进技术的发明都依赖于掌握科学技术的人才，而人才的培养在于教育。根据教育部2020年6月份发布的数据，广东省每十万人口高等教育学校在校生平均数为2751人，低于全国2857人的水平，较北京市的5320人和江苏省的3311人相差甚远。❶

二、顶尖基础研究人才和团队比较匮乏

如果说高等教育为科技发展打下了地基，那么顶尖的人才和团队则是科技创新水平的天花板，顶尖的人才决定了我国科技创新能力的上限。据统

---

❶　中国教育部网站.每十万人口各级学校平均在校生数.[EB/OL].〔2020-03-08〕.http://www.moe.gov.cn/s78/A03/moe_560/jytjsj_2019/gd/202006/t20200610_464623.html.

计，科学院院士中，北京市 406 人（占全国 51%）、上海市 101 人、江苏省 45 人，而广东省仅 21 人（占全国 2.6%）；国家杰出青年获得者中，北京市 1356 人（占全国 38%）、上海市 469 人、江苏省 272 人，而广东省仅 190 人（占全国 5.3%）。❶

三、基础研究载体数量偏少

基础研究的设备、实验室等是发展科技创新能力的物质基础。全国 254 个学科类国家重点实验室中，广东省仅有 11 个。在"十二五"和"十三五"期间规划布局的 26 个国家大科学装置中，广东省无论是在数量还是在布局、产业带动能力上都与北京市、上海市有明显差距。

四、竞争承接国家科技项目的能力不足

承接国家科技项目的能力也能说明某一地区的科技水平和能力。从近 3 年国家自然科学基金的总体立项数量以及受资助规模来看，广东省排名第四位。2019 年，广东省重点项目的立项数分别为北京市和上海市的 30%、58.82%（表 4-1）❷。

表 4-1　2017—2019 年国家自然科学基金研究项目情况　　单位：项

地区	2017 年		2018 年		2019 年	
	面上项目数	重点项目数	面上项目数	重点项目数	面上项目数	重点项目数
北京	3342	199	3384	203	3413	200
上海	2114	89	2062	106	2109	102
江苏	1868	70	1984	68	1991	66
广东	1520	45	1621	49	1774	60

---

❶ 南方网.告别核心技术"卡脖子"广东要补齐基础研究短板.[EB/OL].〔2019-06-18〕〔2020-03-08〕. http://news.southcn.com/nfzz/content/2019-06/18/content_187999683.htm.
❷ 数据来源于国家自然科学基金委员会官网.《国家自然科学基金委员会 2019 年度报告》.[EB/OL].〔2020-03-27〕https://www.nsfc.gov.cn/publish/portal0/ndbg/2019/.

五、顶尖学科数量不足

一所高校是否能称为一流大学或者顶尖大学，学科实力很重要，只有学科达到一定的水平，才能培养出更多更优秀的科研人才，产出更多高质量的科研成果。据统计，全国共有 229 所高校 931 个学科上榜 ESI 排行前 1%，其中北京市 22 所高校 150 个学科入选，位居第一，其次是江苏省（23 所 111 个）、上海市（13 所 88 个），广东省（14 所 62 个）排名第 4 位；进入 ESI 排名全球前 1‰的学科，北京市 28 个、上海市 12 个、江苏省 11 个，广东省仅 6 个。

第四节　部分企业尚未培养出世界著名品牌

企业由于缺乏核心科技竞争力，很难形成世界著名品牌。国际市场中，现代商品的竞争已从产品本身的竞争，变为知识、技术及商标品牌的竞争。产品品牌越来越受到消费者的重视，已经成为产品质量的代言。❶

据统计，2020 年广东省商标申请数量、商标注册量以及商标有效注册量，分别为 175.6 万件、107.99 万件和 543 万件，三项指标都远超其他省份，位列全国第一。2020 年马德里商标国际注册申请量为 1282 件，占全国申请马德里商标总量的 18.75%。但广东省缺乏能够获得世界范围认可的品牌。位列世界百强的品牌企业较少。2020 年《财富》世界 500 强排行榜中，广东省共 14 家企业进入世界 500 强。❷ 全球最具价值品牌 500 强中，广东省仅华为、美的、格力等制造业企业上榜；企业知识产权产出水平较低，珠江三角洲外向型企业 80% 以上没有国际注册的商标。❸ 这就导致广东省企业产品在出口欧美等发达经济体时，易于遭受假冒盗版和商标侵权纠纷；在出口"一带一路"沿线国家时，又易于遭遇商标被抢注的情形。

---

❶ 董海珍.知识产权壁垒对我国经济的影响及应对策略研究[D].武汉：武汉工程大学,2017.
❷ 新浪新闻.广东 14 家企业上榜世界 500 强，看看有没有你的公司？[EB/OL].（2020-08-11）〔2021-03-08〕.http://news.sina.com.cn/o/2020-08-11/doc-iivhuipn8018870.shtml.
❸ 南方网.建设国际科技创新中心，广东必须补短板强内力.[EB/OL].（2019-07-24）〔2021-03-28〕.http://opinion.southcn.com/o/2019-07/24/content_188417628.htm.

第五节　发达国家自身知识产权优势大，法律体制完善，具备实施知识产权贸易壁垒的能力

以上主要论述了广东省企业应对海外知识产权贸易壁垒难的内部原因。从外因看，发达国家具有实施知识产权贸易壁垒的能力。

一、发达国家在科技方面综合竞争优势强大，广东省企业科技实力与之相差甚远

2019年我国R&D经费支出占GDP比重为2.88%，创新型国家建设取得新进展。但在世界范围内，我国的研发支出占比与发达国家仍有较大差距：2019年科研投入占比最高的十个国家分别为韩国、以色列、芬兰、日本、瑞典、丹麦、澳大利亚、瑞士、德国、美国，占比分别为4.35%、4.04%、3.50%、3.50%、3.28%、3.00%、2.98%、2.97%、2.84%、2.84%。[1]

2020年《财富》世界500强企业中，中国企业数量首次超过美国，129家企业来自中国，美国企业则有121家，这对我国来说是一个历史性变化。但是，与其他国家企业相比，我国企业盈利指标较低。世界500强企业的平均利润为43亿美元，而中国上榜企业的平均利润是35亿美元。[2]此外，中国上榜公司的近半数利润来自银行，其他企业总利润仅19.2亿美元，美国其他113家企业平均利润高达52.8亿美元，是中国企业的近3倍。分析上榜企业所在产业，可以发现中国的产业结构还处在工业化阶段。2020年全球独角兽公司641家，地区排名前五依次为中国、美国、印度、英国和德国，分别为264家、240家、29家、28家、12家。[3]中美两国独角兽公司数量占比高达78.6%。中国独角兽企业数量首次超过美国，但仍存在着科技

---

[1] 艾媒数据中心．https://data.iimedia.cn/page-category.jsp?nodeid=13016761．

[2] 2019年财富世界500强排行榜．[EB/OL]．(2019-07-22)〔2021-03-08〕.http://www.fortunechina.com/fortune500/c/2019-07/22/content_339535.htm．

[3] 和讯．2020-2021中国独角兽解读报告．[EB/OL]．(2021-03-09)〔2021-06-08〕.https://m.hexun.com/news/2021-03-09/203159217.html．

含量不高的问题。科技头部企业发展良好，整体高新科技和高端制造企业增长却并不快，中国独角兽企业以互联网企业为主的格局明显。❶

总的来说，发达国家在科技方面综合竞争优势非常强，尽管我国科技产业规模上已处于世界前列，但仍缺乏核心科技竞争力。近年来，虽然广东高新技术产业发展迅猛，出口增长快。但与此同时，广东省许多高新技术产品依然高度依赖进口，光刻机、航空发动机、高端传感器、大型主机、高精度机械手、数码相机及感光芯片、操作系统、高端基因测序仪、高端医疗器械、集成电路芯片等关键核心技术被"卡脖子"问题相当突出。

特别是中美贸易摩擦叠加新型冠状病毒肺炎疫情的影响，暴露出全球产业链过长引发的脆弱性，广东省部分高新技术产业链的供应链中断风险增加。以广东省手机产业为例，手机出货量占我国比重超过40%，但手机的射频芯片基本上被国外 SKYworks 公司、Qorvo 公司、博通公司和 muRata 公司垄断，其中前三家均为美国企业，合计占据 85% 以上的市场份额；手机处理器芯片除了华为自研麒麟 990 等外，基本上被高通、苹果公司、三星和联发科技股份有限公司（以下简称"联发科"）垄断。

二、发达国家作为全球知识产权"游戏规则"的制定者，具有先发的制度优势

发达国家自身知识产权优势大，法律体制完善，具备实施知识产权贸易壁垒的能力；全球市场份额的争夺是发达国家先行企业对后发企业实施知识产权贸易壁垒的主要动机；我国科技实力的提高和全球竞争力的增强，是与发达国家竞争激烈程度加剧乃至中国出口企业遭受知识产权贸易壁垒的宏观条件。❷ 以美国为例，美国除了拥有一系列不断修订完善的知识产权保护法律制度外，还以其国内立法的形式制定了"特别 301 条款"和"337 条款"，并配合司法长臂管辖权和禁诉令制度，对美国企业走出去和国外产品进入美

---

❶ 新浪财经.任泽平：中国独角兽报告 2019.[EB/OL]. 〈2019-07-25〉〔2021-05-10〕.http://finance.sina.com.cn/zl/china/2019-07-25/zl-ihytcerm6210978.shtml.
❷ 赵艳玲.我国出口遭受知识产权贸易壁垒及应对策略研究 [D]. 武汉：湖北工业大学,2013.

国市场的知识产权问题赋予制度上的保障并提供实际操作层面的依据，确保知识产权权利人的利益在全球范围内不受侵犯，并利用制度工具打压竞争对手，捍卫美国知识产权的全球领导力，进一步强化其霸主地位。

　　本章通过梳理广东省企业对外经济和知识产权相关数据，分析了广东省企业应对知识产权贸易壁垒难的主要原因。从内因看，企业创新能力不高是广东省企业面临的主要问题。创新能力之于企业就是城墙堡垒，不提升创新能力、不掌握关键核心技术，将无法在竞争激烈的国际市场上生存；中小型企业受自身经济体量、发展效益等制约，遭遇海外知识产权贸易壁垒时基本不敢应诉、不懂应诉，痛失目标市场的情况比比皆是；广东省外贸依存度全国最高、企业缺乏国际自主品牌意识、知识产权领域基础设施和人才相对缺乏也是导致企业应对知识产权贸易壁垒难的重要原因；发达国家作为科技探索的先行者和全球知识产权规则的制定者，其创新能力和先发的制度优势不容小觑。面对日趋复杂严峻的外部发展环境和日益激烈的国际市场竞争，广东省企业必须要做好迎接暴风雨的准备。

第五章

提升广东省企业应对知识产权
贸易壁垒能力的对策和建议

随着广东省经济实力的增强和"走出去"步伐的不断加快,广东省面临的海外知识产权贸易壁垒问题越来越多,未来要加强政企合作联动,强化基础能力、制度保障和应对长效机制建设,全面提升企业应对知识产权贸易壁垒能力。

第一节 加快突破关键核心技术,提升企业创新能力

创新能力是打破知识产权贸易壁垒最有力的武器,只有提升创新能力,突破关键核心技术,才能在面对知识产权贸易壁垒的冲击时站稳脚跟。建议从以下方面入手提升广东省创新能力。

一、建立健全基础研究和应用研究的稳定支持体系

把提升原始创新能力摆在更加突出的位置来抓,加强基础研究的前瞻部署,推动不同领域创新要素有效对接,引导技术能力突出的创新型领军企业加强基础研究,加大基础研究投入。具体而言,一方面,政府应当在支持基础研究上发挥主导作用,多渠道加大基础研究投入,包括争取更多中央投入、加大省级层面的投入及引导全社会投入。投入应当围绕重点产业发展,以问题为导向,加快突破制约产业发展的基础研究和应用基础研究短板。另一方面,政府要引导企业加强基础研究,支持企业与高校、科研院所共建研

发实验室,争取更多大科学装置落户广东省并推进重大科研基础设施的开放共享,加快广东省高水平基地建设。此外,应加强基础研究人才队伍建设,进行基础研究领域人才定向培养,在广东省重大人才工程中留出一定比例用于培养本土基础研究创新人才与团队。

二、建立健全产业创新生态体系

继续强化企业创新主体地位,支持龙头企业联合高校和科研院所组建产学研用联盟,聚焦产业链的关键环节,以关键共性技术、前沿引领技术、现代工程技术、颠覆性技术的创新等为突破口,开展核心技术研发攻关。企业、大学、科研院所三个基本主体要以各自的优势资源和能力,在政府部门、科技服务机构及金融机构等共同支持下,进行技术开发的协同创新活动。实施"风险共担,利益共享"的利益分配方式,构建产学研协同创新的信息平台,加强科技中介建设,充分发挥科技中介的技术服务、技术评估、技术经纪及信息咨询等职能。

三、加大促进企业科技创新政策支持力度

加大企业创新普惠性支持,进一步降低企业研发成本,调整优化企业研发财政补助政策,持续激励企业加大研发投入,并适当向粤东西北地区企业倾斜。除政府补助外,应对企业创新活动实行税收优惠政策,通过市场机制发挥激励作用,发挥企业的主观能动性,根据自身情况做出最佳决策,利用市场的力量实现资源配置。鼓励有条件的地区对有贡献的科技型企业给予一定奖励。鼓励各地级以上市建立高成长性科技型企业种子库,提供分类施策和一企一策靶向服务,支持企业在境内外上市。改革省科技创新券使用管理,扩大创新券的规模和适用范围,实现全国使用、广东兑付,重点支持科技型中小型企业和创业者购买创新创业服务。支持企业联合高校、科研机构创建国家级和省级技术创新中心、产业创新中心和制造业创新中心。

四、构建国际和国内协同一致的标准体系

发挥企业、专业团队和行业协会作用，稳步构建国际标准、国家标准、地区标准和行业标准协同一致的标准体系，树立"技术专利化、专利标准化、标准国际化"的发展理念；针对关键核心技术领域，建设集快速审查、快速确权、快速维权为一体的知识产权保护制度，并推动专利转化为标准，提升行业竞争力。企业要积极参与现有的国外成熟的知识产权联盟，减少以传统方式获得技术转让或使用的障碍，同时促进技术创新，在政府和有关组织的监督下，结合企业自身发展，明确发展规划，形成专利联盟，搭建技术、信息等资源共享平台以达到共同发展的目的。

第二节　多管齐下，提升中小型企业的应对能力

广东省海外知识产权保护工作走在全国前列，建立广东省知识产权保护中心和广东省海外知识产权保护促进会并开展企业海外维权援助工作的基础上，探索建立以中小型企业为主要援助对象的知识产权援助制度，提升其海外知识产权纠纷的应对能力。

一、充分发挥行业协会作用，组织行业内企业联合应诉，分担经济成本

从广东省遭遇美国"337调查"情况看，一个"337调查"经常涉及行业内的多家企业，因此，建议由行业协会牵头，组成行业协会专家应对海外贸易壁垒基金等形式，支持业内企业共同应对，分摊费用，降低企业成本；支持龙头企业牵头组建产业发展联盟，整合业内资源，积极应对知识产权贸易壁垒；充分利用国家商务部设立公平贸易壁垒工作站试点契机，建立国家部委、省级主管部门、省工作站、行业商协会和企业五位一体、纵向联动的工作机制，为广东省企业应对美国"337调查"，争取更多的国家力量和资源。

二、积极探索金融工具支持企业应对海外纠纷

目前,广东省已率先推出知识产权海外侵权责任保险,建议进一步促进知识产权与金融有机结合,扩大知识产权质押和保险规模,推出更多符合企业实际需求的产品工具,探索知识产权证券交易等资本化新模式,助力提升企业海外知识产权风险应对能力。积极推广知识产权海外侵权责任险、专利执行险、专利被侵权损失险等保险业务,保证被保险人有足够的财力资源应对海外知识产权诉讼、提出权利无效申请或者承担损害赔偿责任等,使广东省企业在国外能有效保护自身的合法权益。鼓励银行开展科技信贷特色服务,创新外部投贷联动服务模式,加大对科技型中小型企业的信贷支持力度,省财政按其实际投放金额予以一定奖补。

三、制定更加贴合企业需求的支持政策

调研发现,虽然广东省出台了支持企业应对海外知识产权纠纷的相关扶持政策,但扶持对象主要针对积极应对并获得有利结果的企业。在鼓励和支持企业应对的政策扶持方面略显不足,建议扩大政策扶持范围,切实帮助弱势企业群体。首先,应当支持、鼓励中小型企业自主创新,增强创新创造能力,出台并大力宣传更多专为中小型企业的创新支持政策,包括资金支持、人才资源和科技创新资源。在扶持对象上,拓宽扶持范围,对获得不利结果的中小型企业更应当予以资助,降低应诉成本,使它们愿意应对、敢于应对来自海外的知识产权纠纷。

四、制定发布广东省重点出口市场知识产权保护国别指南

鉴于中小型企业在人力和资本投入方面的不足,建议由政府结合广东省重点出口市场份额情况和企业在不同市场遭遇的知识产权纠纷状况,分国别、分知识产权类型制订国别指南,并向全社会发布,供企业了解掌握,主动规避风险。

第三节　加强海外知识产权纠纷风险预警机制建设

广东省部分企业"走出去"步伐往往快于知识产权海外布局速度，对自身开展海外业务的风险缺乏有效预警评估，导致在开展海外业务时被跨国企业"关门打狗"，措手不及。为此，政府应加强海外知识产权风险预警的提醒与指导，制订企业海外知识产权风险应对工作标准指引，落实知识产权分析评议制度，利用知识产权情报信息和方法对相关经济科技活动进行综合分析与评估，查找潜在问题。鼓励企业逐步建立知识产权常态化监测、预警机制，全面掌握国内外相关重点企业、重点技术领域的境外知识产权状况、发展趋势和竞争态势。重点跟踪、分析研究国外知识产权法律和制度变化，以及重要贸易伙伴国家和地区的知识产权发展动态。特别是在布局海外市场前，应全面、准确地分析掌握竞争对手的知识产权状况，做好相关产品的专利情报收集和分析工作。

一、充分了解目标市场状况

在进行海外市场布局之前，企业应结合自身业务发展实际，详细了解产品出口目标国家/地区的知识产权环境、知识产权法律体系情况和市场同业竞争者的现状，关注国际贸易市场动态及消费者的市场需求，等等，做到"知己知彼，百战不殆"。

二、及早预估潜在知识产权纠纷风险

在签订出口销售合同之前，企业要委托专业的知识产权代理机构对目标市场同类或相似产品的知识产权保护情况进行必要的商标查询、专利检索等。广东省企业在和外国企业签订加工贸易协议之前，也应对外国企业提供的样品或图纸进行知识产权调查，并在合同上约定知识产权免责条款，以减

少潜在的知识产权纠纷风险。在发现有侵权的可能时，企业可以尝试从原专利权人手上购买专利或者设计替代产品来避免可能涉及的相关侵权问题，从而降低风险。

三、提前制订知识产权风险应对策略

企业应充分了解国际贸易过程中可能发生的知识产权纠纷类型，包括接到律师函、遭遇临时禁令、遭遇美国"337调查"、海关执法等，针对不同类型的潜在风险，及早制订应对预案，以备不时之需。

四、完善知识产权预警机制，动态监测海外知识产权状况、发展趋势和竞争态势

重点跟踪、分析研究国外知识产权制度变化，特别是与重要贸易关系的国家和地区知识产权发展动态。密切关注有关 TBT 信息、最新标准、目标市场规律法规等行业相关动态，建立应急机制和应对措施，确保一旦遭遇美国"337调查"或其他技术壁垒措施时，企业内部可以立即响应做出积极应对，充分制订应诉策略。企业产品在市场目标国上市前，也可委托有关机构出具自由实施分析报告（Freedom to Operate Analysis，FTO），以表明在特定的司法管辖区域内采用特定技术的制造、使用、销售产品、许诺销售产品等行为是否会侵犯第三方专利权；即使企业产品在进入目标国后发生了侵权行为，FTO 报告也可以用于证明企业非故意侵权。

五、政府在知识产权纠纷风险预警机制中也应发挥其指导作用

首先，应当进一步推广知识产权管理规范，认真贯彻《企业知识产权管理规范》标准，实施知识产权国际标准化战略。其次，构建知识产权公共服务平台，把建设预警机制同实施企业知识产权战略有机结合起来，提升行

业核心竞争力。再次，为进军海外的行业企业建立行业专题数据库，搭建知识产权信息服务平台，使企业能够高效利用知识产权信息资源，提升企业实施知识产权战略能力。最后，充分发挥并扩大"知识产权保护中心"作用，扶持专门为企业"走出去"服务的相关产业，比如专业的法律咨询团、会计与审计、金融信用等。

第四节 加大知识产权能力建设，提升企业应对海外知识产权贸易壁垒的能力

知识产权是国际贸易的核心因素和主导力量。知识产权保护是一个复杂的系统工程，从知识产权自身来讲，涉及专利、商标、版权、植物新品种、商业秘密等各个领域，其保护的权利内容、权利边界等都有各自的特点；从保护手段上来讲，知识产权保护涉及注册登记、审查授权、行政执法、司法裁判、仲裁调解等多个方面，需要投入大量的人力、物力和财力。政府可借鉴国外经验，组织多渠道、多形式的培训，切实提高企业应对海外知识产权贸易壁垒的能力。

一、将知识产权能力建设纳入知识产权战略规划的范畴

编制并实施知识产权能力建设工作计划，明确长期目标和中短期目标，全盘统筹全省能力建设工作，确保有计划、分步骤、有组织地实施。针对外向型企业、知识产权代理机构、中介服务机构及从事知识产权业务的政府工作人员（含法官、检察官、警察、海关等人员）等不同类型的受众群体，根据其职业特点和实际需求，注重国内需求与国际知识产权前沿发展相结合、国际国内宏观经济发展形势与企业微观需求相结合、知识产权理论研究与企业实操运用相结合，设计不同的课程体系和培训计划，有目标、有组织、有系统、差异化地开展各种类型的能力建设活动；平衡国内知识产权能力提升与海外知识产权能力建设资金使用与培训重点。

二、有针对性地组织中小型企业知识产权能力提升培训

政府应针对中小型企业等知识产权薄弱群体制订有计划、阶段性的培训，联合高校开展短、中、长期的知识产权能力提升培训，组织有实操经验的师资队伍授课，通过线上和线下免费培训相结合，及时分享国际知识产权纠纷应对经验和应诉策略等，加大海外知识产权保护法律制度、企业海外市场知识产权布局等相关知识培训，帮助中小型企业和知识产权从业者提高知识产权认知水平，增强知识产权保护意识，了解并熟悉海外市场知识产权法律制度、诉讼流程、应对手段，积累应对海外知识产权贸易壁垒和纠纷案件的经验，提升应对能力。

三、支持企业组建、设置知识产权管理机构

企业结合自身规模、发展战略和外部环境的变化等情况综合考虑本企业的知识产权管理机构的设置情况，建立符合企业情况的知识产权管理制度，制定产业策略，监督并确保相关工作的落实，全面协调知识产权管理，突出重点，兼顾全面。具体来说，要明确企业知识产权管理目的和任务、机构及职能、宣传教育、经费投入、维护管理、文献利用、纠纷处理、奖惩措施等企业知识产权管理基本内容，加强企业知识产权管理机构和队伍建设。

四、提升公众知识产权意识

一方面，建议政府联合知识产权社会组织，编写针对不同人群的知识产权科普读物，公布知识产权典型案例。在高等院校、中小学、社区开展知识产权进校园、进社区等有针对性的知识产权全民教育。另一方面，建议加大知识产权保护方面的宣传力度，增强公众知识产权意识。

第五节　提升知识产权人才培养的规模和素质

知识产权人才是实施国家知识产权战略、建设知识产权强国的前提和基础，是创新驱动的核心要素和主导力量。目前，很多国家都将知识产权课程设置成了法律院系的核心课程。针对广东省高等教育知识产权资源略有不足的实际情况，建议加大培养和引进国际化知识产权人才、探索和完善知识产权高等教育培养体系、完善人才培养中的社会实践和整合现有专家库资源等。

一、加大培养和引进国际化知识产权人才力度

我国已经成为《巴黎公约》等国际知识产权公约的成员国，知识产权保护工作也走向了国际化；特别是随着企业走出去步伐的加快，知识产权国际纠纷的日益增多，培养和引进具有国际化实操经验的知识产权人才尤为重要。建议从两方面着手，一是培养本土人才国际化。通过加强国际交流合作，充分利用国外优质资源开展培训，促进国内外知识产权信息沟通与共享，构建开放的知识产权人才培养格局，以期培养出一批拥有国际视野、具有丰富国际交流经验和处理知识产权国际事务能力的知识产权国际化人才。二是引进国际化人才，通过实行多样化的聚才体制留住人才，促进国际人才本土化，构建能够应对国际知识产权纠纷、参与国际国内知识产权合作、提升企业竞争力的知识产权团队。

二、探索和完善知识产权教育培养模式

理工科院校或综合性院校探索建立以理工科专业学习为主、知识产权专业学习为辅的培养模式，将知识产权作为第二学位培养，使学生获得从事知识产权工作所必需的技术背景；理工研究生院与法学研究生院探索联合培养或国内国际院校联合培养的模式，输出具有国际竞争力、综合素质高的知

识产权人才，以适应全球化的数字科技革命浪潮。在粤港澳大湾区建设的背景下，可以利用深圳建设先行示范区的战略契机，对接港澳资源，联合组建粤港澳大湾区知识产权学院。目前，北京大学粤港澳大湾区知识产权发展研究院已于 2019 年在广州设立。学院应将培养重点放在管理经营和实际应用方面，研究对象也应从国内扩展到国际范围，以解决知识产权人才培养中存在的"重法学轻管理、重理论轻应用、重单一轻复合、重书本轻实战、重普及轻高端、重国内轻国际"等问题。❶

三、重视人才培养中的实践环节

呼吁学生走出理论和知识的"象牙塔"，积极参与知识产权相关的实践活动，在处理具体的、多变的、非规范化的实际问题的过程中全面提升实践能力，开阔视野，储备实践知识。注重开展知识产权人才产学研联合培养，鼓励具有丰富经验的知识产权实训机构参与进来，担负其社会责任，为学生提供机会和平台，指导学生进行实践活动。

四、整合完善现有的知识产权专家智库

目前，广东省级、市级等均已建立维权、调解专家库，应结合实际工作开展情况及时更新调整专家库，强化专家智库管理制度，切实发挥专家智库为企业解惑、为政府献策等功能，提高知识产权维权力度及政府决策科学化水平。

---

❶ 每日经济新闻.拉来北大，粤港澳大湾区定了个"小目标".[EB/OL].（2018-09-21）[2021-05-16]. https://baijiahao.baidu.com/s?id=1612218549216807657&wfr=spider&for=pc.

第六章

广东省通信设备制造业应对美国知识产权贸易调查案例

前五章对广东省企业遭遇知识产权贸易壁垒的现状、应对壁垒过程中存在的主要困难、形成这些困难的深层次原因进行了概括和分析，并提出了对策和建议。第六章、第七章分别选取在海外遭遇知识产权贸易壁垒较为频繁的广东省战略性新兴产业（通信设备制造业）和传统制造业（打印耗材行业）的真实案例，分析企业在遭遇海外知识产权贸易壁垒时的应对策略。

案例主要选取美国"337调查"案例。主要原因如下：

一是从WTO规则看，由于美国的"337调查"规则不透明、诉讼双方的信息不对称，遭到了其他大多数WTO成员的反对。但在实践上，美国已经将"337调查"作为"两反一保"❶之外的又一项有力的贸易保护措施。

二是2020年，美国国际贸易委员会发起的"337调查"中，近1/4涉及广东省企业。"337调查"有着"时间短、进展快、惩罚措施严厉"等特点。一个案件一般在12～16个月就能完结；被诉企业若不应诉，或败诉后被裁定发布普遍排除令，那么该企业所在国其他生产该产品的企业也要退出美国市场。因此，"337调查"是在美企业、特别是美国本土企业进行商业战略布局和竞争的有效手段，对广东省企业影响较大。

三是在实践中，申请人经常在发起"337调查"的同时或前后，以完全相同的被申请人和侵权内容向美国法院提起司法诉讼，"337调查"与司法诉讼程序相结合，杀伤力更大。

四是美国国际贸易委员会的EDIS数据库系统提供了庞大的免费且公开案件的信息资源，利于分析研究。

---

❶ "两反一保"：倾销与反倾销；补贴与反补贴；保障措施和特别保障措施。"两反一保"是世贸组织允许的由成员方为保护国内同类产品产业免遭进口产品造成损害而采取的限制进口的政府行为，是一种法律制度。

第一节　广东省通信设备制造业遭遇美国"337调查"情况

通信设备（Industrial Communication Device，ICD），是指用于工控环境的有线通信设备和无线通信设备，主要包括通信传输设备、通信交换设备、通信接入设备、通信终端设备、移动通信设备、移动通信终端设备及零部件，如路由器、交换机、调制调解器、无线 AP、无线网桥、无线避雷器、天线、移动手机等设备，产品涵盖了从电信信号的处理、传输、交换、接受的所有环节。

通信设备制造业是技术密集型产业，涉及多个技术领域，是多学科相互渗透、相互交叉形成的高新技术领域。❶ 通信设备市场更新换代极快，通信设备制造企业只有持续不断地以技术创新作为支撑，才能在国内外市场上保持领先优势。从全球专利技术申请情况来看，目前的关键性技术主要集中在高通、华为、爱立信、三星、中兴通讯、LG 集团、富士通株式会社（以下简称"富士通"）等行业领军企业手中，专利申请量占整个行业专利申请总量约 30%。

广东省通信设备制造技术在经历了 2G 空白、3G 跟随、4G 同步的发展路径之后，在 5G 时代突飞猛进并实现弯道超车。就 5G 技术专利申请量而言，相比于三星 1186 件、爱立信 578 件、诺基亚 459 件、高通 443 件，华为以 1663 件、中兴通讯以 460 件占据技术优势，而且华为、中兴通讯等中国企业在 5G 国际标准中的专利数已超过 2400 件，占比超过了 30%。❷ 以华为、中兴通讯为代表的广东通信设备制造企业凭借自身扎实的研发技术在全球行业竞争中脱颖而出，在国际市场上获得了一定话语权，具有行业示范效应。

2003 年以来，广东省通信设备制造企业作为被申请人遭遇的美国"337

---

❶ 方志超，王贤文，刘趁. 全球专利密集型企业之间专利引用行为分析 [J]. 科学学与科学技术管理,2015,36(12):3-12.

❷ 新华网. 中企 5G 国际专利已超 2400 项 [J]. 保密科学技术,2019(01):65.

调查"案件 17 起。案由均为专利权侵权纠纷,涉案产品包括 3G 无线设备、无线消费性电子设备、3G/4G 无线设备、双向无线电设备、移动电子设备、LTE 和 3G 兼容移动通信设备、高密度光纤设备等。广东省通信设备制造业涉海外知识产权纠纷案件呈现出如下特点。

一、案件数量呈螺旋式增长态势

近十年,涉及广东省通信设备制造企业的"337 调查"案件共 17 起,除 2015 年和 2019 年广东省未遭遇美国"337 调查"外,其余年份均有 1～5 起不等。2020 年,美国国际贸易委员会对广东省企业发起 5 起"337 调查",创历史最高纪录(图 6-1)。

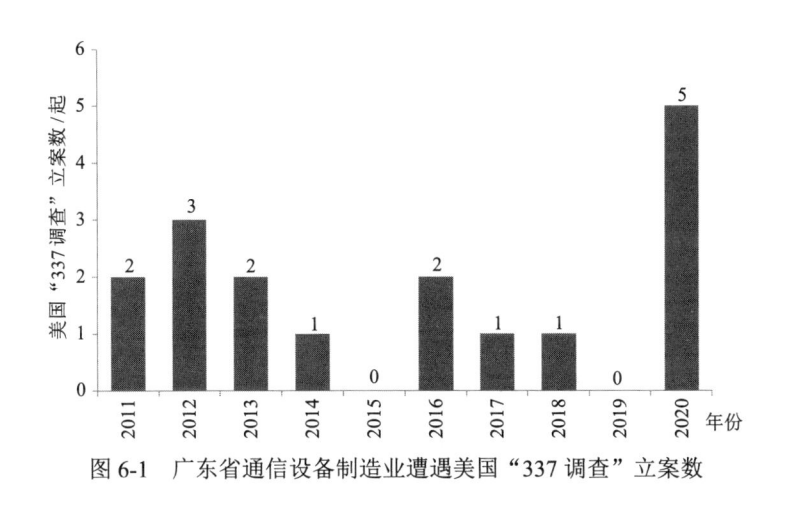

图 6-1 广东省通信设备制造业遭遇美国"337 调查"立案数

二、涉案企业主要来自深圳

广东省涉美国"337 调查"案件中,涉案企业共 18 家(不重复计算多次被诉的企业及其关联企业)。

在上述涉案企业中,除魅族位于珠海市、TCL 位于惠州市外,其余涉案企业均集中在深圳市。深圳市几乎囊括了全省近九成的涉案企业(图 6-2)。

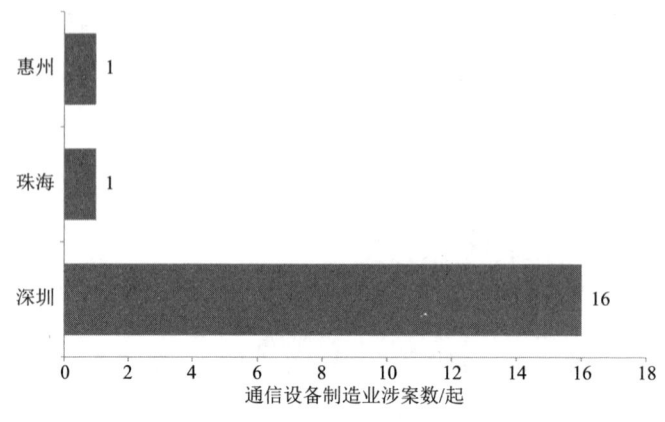

图 6-2 通信设备制造业涉案企业地区分布

三、大多数企业积极应对"337 调查"

截至 2020 年 12 月 31 日,通信设备制造业涉"337 调查"案件已结案 13 起,未结案 4 起。在已结案的 20 家涉案企业中(按案件涉及企业数计算,不同案件涉及同一家企业的重复计算),选择积极应诉的企业 16 家,占全省涉案企业总数的八成;缺席的企业 4 家,占广东省涉案企业总数的两成。

案号为 337-TA-1029 的案件应诉企业为魅族、深圳桌子网络科技有限公司(以下简称"桌子科技")以及深圳市 LGYD 电子有限公司(以下简称"LGYD 电子"),除魅族积极应诉外,其余两家涉案企业均选择不应诉,但因为魅族与申请人高通达成了和解协议,和解协议范围覆盖 1029 案号所有的被申请人,使缺席的被申请人因此未受惩罚;案号为 337-TA-1194 的案件中,深圳市宝睿光通信有限公司和瑅垒科技(深圳)有限公司均选择不应诉,最终被判缺席;其余 11 起案件的涉案企业均积极应诉。

四、"337 调查"结果以不侵权为主,和解次之

从已结案件裁决结果看,6 起案件由美国国际贸易委员会做出不存在侵犯知识产权的行为的裁决并终止案件调查,3 起案件的应诉企业与申请人达

成和解，2 起案件的申请人撤诉；2 起案件被美国国际贸易委员会发布有限排除令和禁止令，占比不超两成（图 6-3）。

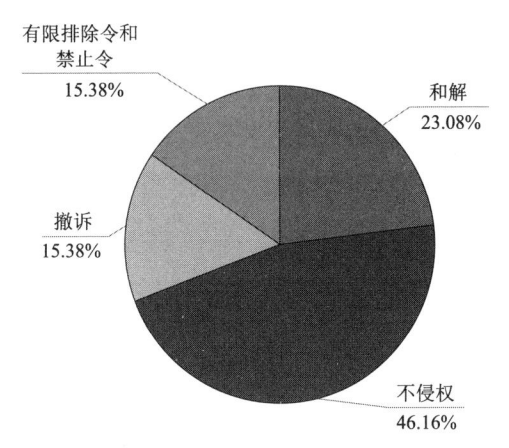

图 6-3　通信设备制造业涉美国"337 调查"结果统计

和解 23.08%
不侵权 46.16%
撤诉 15.38%
有限排除令和禁止令 15.38%

总体来看，广东省通信设备制造行业涉美国"337 调查"主要以专利权侵权纠纷为主要诉由，一般持续时间 1～2 年，申请人几乎都来自于美国。从案件涉及企业的分布区域看，深圳市的通信设备制造企业遭遇"337 调查"最为频繁。面对美国"337 调查"，广东省企业应诉较为积极，应诉率达到八成；在应诉的企业中，绝大多数案件裁定结果为和解、申请人撤诉、不侵权等有利结果，仅有少数案件被颁布了有限排除令。

美国企业试图利用"337 调查"阻碍新的潜在竞争对手进入美国市场。与此同时，"337 调查"与美国司法诉讼互相配合，对广东省通信设备制造企业开拓美国市场造成了双重打击。因此，进一步深入"337 调查"案件，还原案情始末，探究申请人申请策略和被申请人应对策略，挖掘"337 调查"的应对机制和策略，对广东省所有行业"走出去"，抢占国际市场，应对海外知识产权贸易壁垒纠纷风险具有一定借鉴价值。

第二节 337-TA-800 案件分析

一、基本案情

2011年7月26日,美国IPR Licensing公司、美国InterDigital Communications公司、美国InterDigital Technology Corporation公司根据美国《1930年关税法》第337节规定向美国国际贸易委员会提出申请,主张被申请人对美出口、在美进口及销售的特定具有3G功能的无线设备及其组件(wireless devices with 3G capabilities and components thereof)侵犯了其专利权。华为及华为科技(美国)公司、华为终端(美国)公司、LG及美国LG移动通信公司、美国LG电子公司、诺基亚及美国诺基亚公司、中兴通讯及中兴通讯(美国)公司为被申请人。

(一)当事双方及行业背景

1. 申请人

该案申请人是美国的IPR Licensing公司、InterDigital Communications公司及InterDigital Technology Corporation公司,这三家公司都是InterDigital公司的子公司,以下统称为InterDigital公司。

InterDigital公司是一家移动技术研发公司,为全球的移动设备、网络和服务提供无线和视频技术,成立于1972年,在纳斯达克上市,并被纳入S&P MidCap 400指数。InterDigital公司还是一家专利投资公司,该公司不通过实施专利生产产品来获得利润,而是通过诉讼或其他手段许可他人使用专利来收取许可费。[1]

截至2020年12月31日,InterDigital公司在全球拥有约4.80万件专利申请[2],其申请的高峰出现在2002—2008年。其中,已授权处于有效状态

---

[1] 维基百科.[EB/OL].〔2021-03-13〕.https://en.wikipedia.org/wiki/InterDigital.
[2] 分析对象为InterDigital及相关公司,相关公司源于智慧芽检索系统"PatSnap申请人公司树",下同。

的专利量占比为 31.49%，约为 1.51 万件，如图 6-4 和图 6-5 所示。

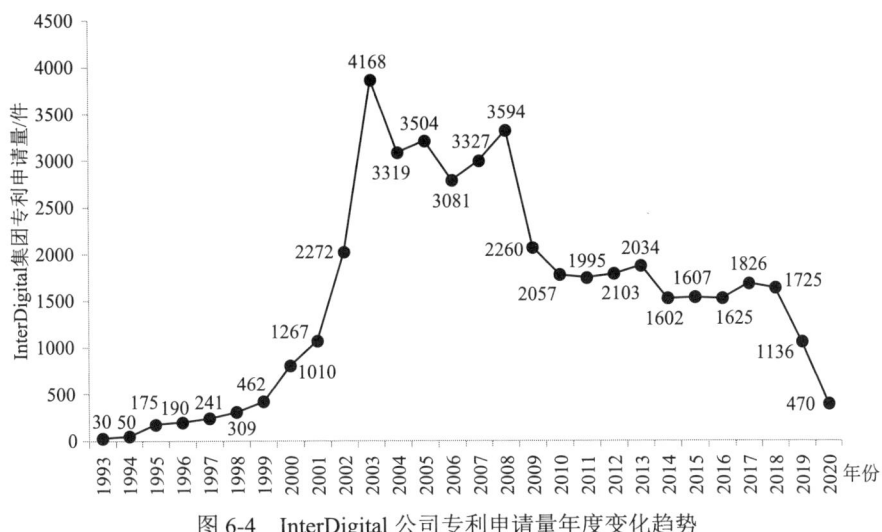

图 6-4 InterDigital 公司专利申请量年度变化趋势

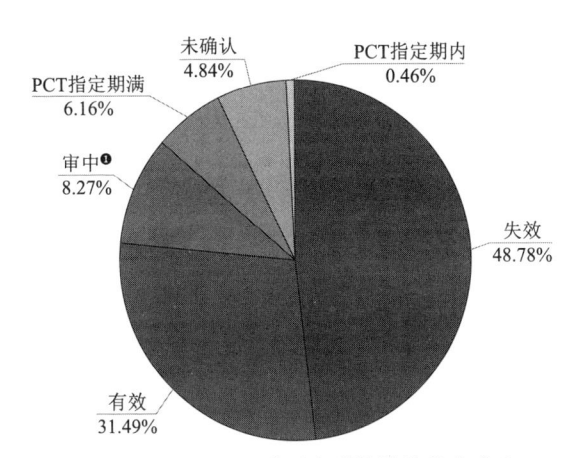

图 6-5 InterDigital 公司专利的法律状态分布

InterDigital 公司目前在全球 50 多个国家和地区进行了专利申请，主要分布在美国、欧洲、中国、韩国和日本（图 6-6）。

---

❶ "审中"是指专利申请处于公开或者审查中的状态，还未授权或驳回。

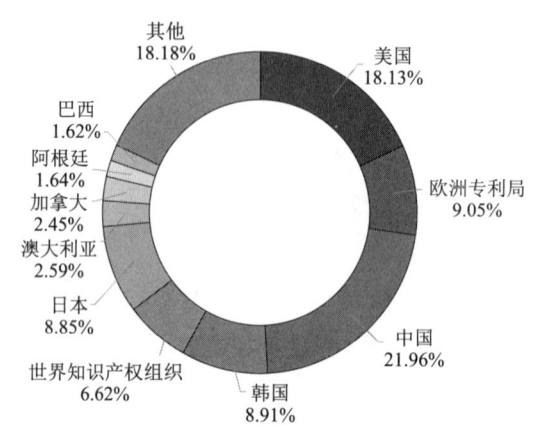

图 6-6　InterDigital 公司专利申请地区分布

2. 被申请人

该案的被申请人有华为、中兴通讯、LG 集团、诺基亚，以及以上公司旗下的美国关联公司；本报告中主要将涉案的华为、中兴通讯两家广东企业作为分析对象。

华为成立于 1987 年，总部位于中国广东省深圳市龙岗区，是全球领先的信息与通信技术（ICT）解决方案供应商。该公司专注于 ICT 业务领域，坚持稳健经营、持续创新、开放合作的经营方针，在电信运营商、企业、终端和云计算等领域构筑了端到端的解决方案，为运营商客户、企业客户和消费者提供有竞争力的 ICT 解决方案、产品和服务，并致力于实现未来信息社会、构建更美好的全联接世界。2013 年，华为首超全球第一大电信设备商爱立信，排名《财富》世界 500 强第 315 位，2020 年排名跃升至第 49 位，在 Brand Finance 发布 2020 年全球最具价值品牌 500 排行榜中华为排名第 10。❶

据统计，华为在全球拥有约 22.11 万件专利申请，已授权且仍维持有效的专利占比为 40.65%（图 6-7），有 8.99 万件；专利申请的高峰出现在 2012 年至 2018 年（图 6-8）。

---

❶ 华为官网 .[EB/OL].〔2021-04-08〕.https://consumer.huawei.com/cn/about-us/.

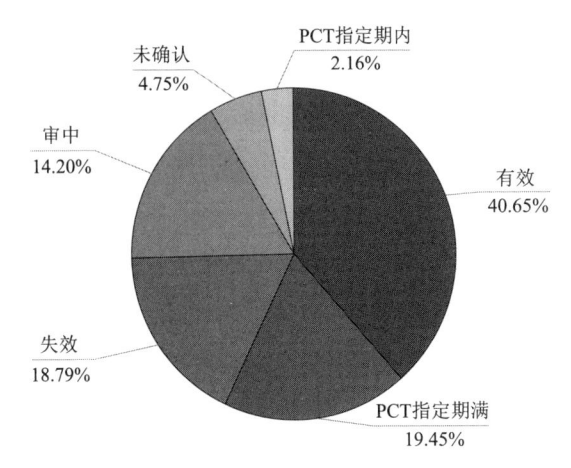

图 6-7　华为专利的法律状态分布

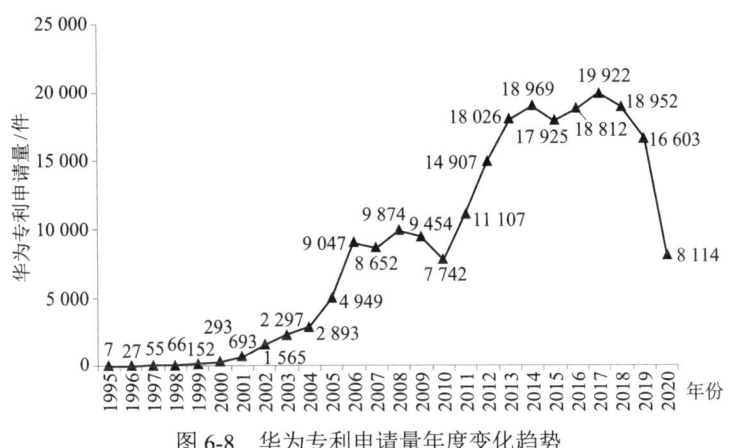

图 6-8　华为专利申请量年度变化趋势

华为目前在全球 50 多个国家/地区申请了专利，其中在中国、世界知识产权组织、美国、欧洲、印度的专利申请量占比分别为 38.03%、21.61%、12.89%、10.22% 和 2.97%（图 6-9）。

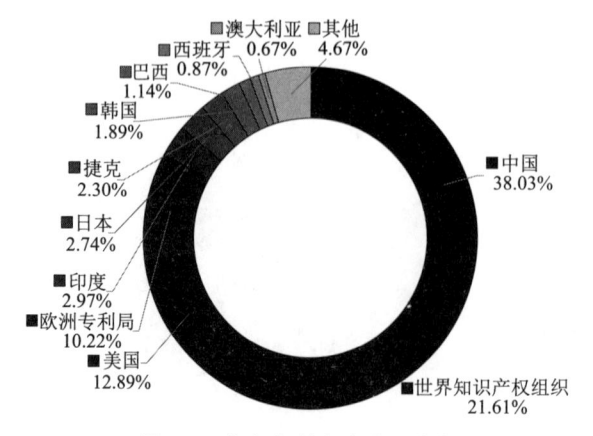

图 6-9 华为专利申请地区分布

中兴通讯是全球领先的综合通信解决方案提供商，中国最大的通信设备上市公司。其主要产品包括 2G/3G/4G/5G 无线基站与核心网、IP 多媒体系统、固网接入与承载、光网络、芯片、高端路由器、智能交换机、政企网、大数据、云计算、数据中心、手机及家庭终端、智慧城市、信息通信技术业务，以及航空、铁路与城市轨道交通信号传输设备。

中兴通讯在全球约拥有 11.69 万件专利申请，申请专利的高峰出现在 2009 年和 2016 年（图 6-10）。其中，26.20% 的专利处于已授权且维持专利权状态，有 3.06 万件（图 6-11）。

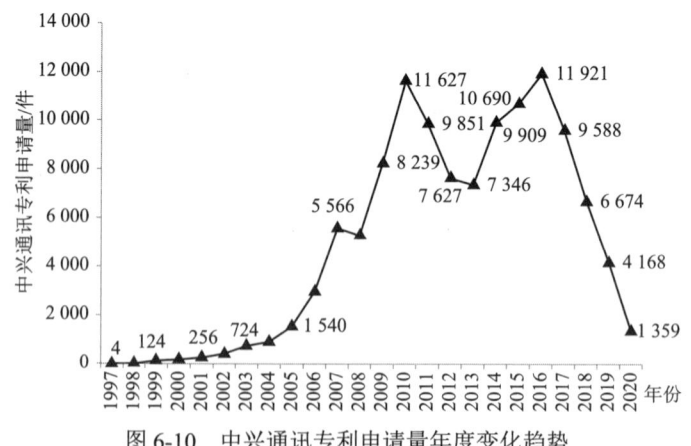

图 6-10 中兴通讯专利申请量年度变化趋势

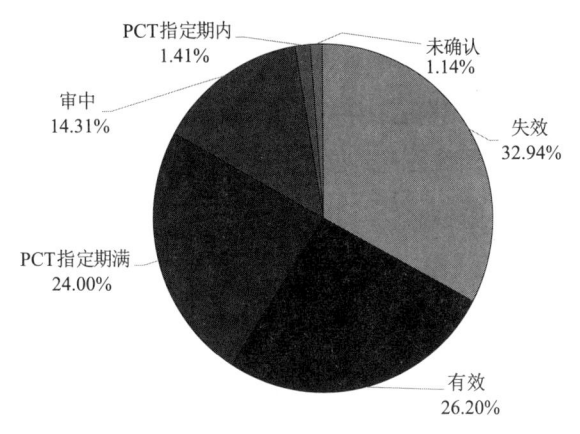

第六章
广东省通信设备制造业应对美国知识产权贸易调查案例

图 6-11 中兴通讯专利的法律状态分布

中兴通讯目前在全球 40 多个国家 / 地区进行了专利申请，其中中国、世界知识产权组织、欧洲、美国、日本的专利申请量占比分别为 58.23%、25.47%、5.59%、5.15% 和 1.44%（图 6-12）。

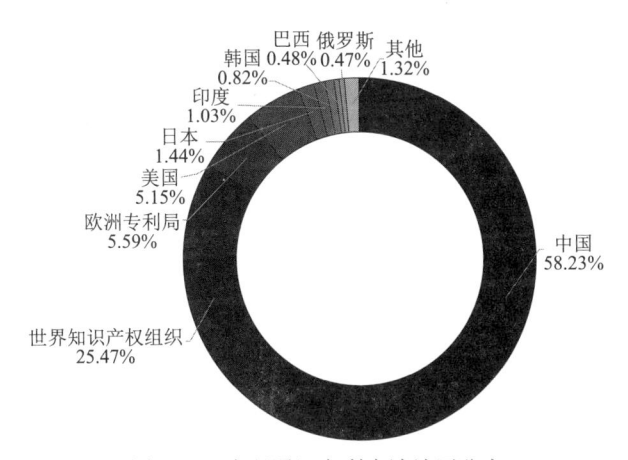

图 6-12 中兴通讯专利申请地区分布

（二）提出申请

1. 涉案技术及专利介绍

该案件中讨论的技术为具有第三代（"3G"）蜂窝功能的无线通信设备及其组件。3G 描述了一系列技术，这些技术符合国际电信联盟（ITU）

定义的国际移动通信 -2000（IMT-2000）规范。两个使用最广泛的 3G 系统基于码分多址（CDMA）技术，第三代合作伙伴计划（3GPP）开发的宽带 CDMA（WCDMA）和第三代合作伙伴计划 2（3GPP2）开发的 CDMA2000。

主要涉案专利包括以下几种。

美国专利号 7706830，专利名称为"用于执行访问过程的方法和用户单元"的专利（简称"830 专利"），于 2010 年 4 月 27 日授权。该专利的发明人是费思·M·奥兹鲁特克（Fatih M. Ozluturk）和加里·R·隆珀（Gary R. Lomp）。该专利描述了一种用户单元获得对蜂窝 CDMA 系统的访问方式。InterDigital 公司拥有该专利，并在此案件中主张独立权利要求 1 和从属权利要求 2、3 和 5。

美国专利号 8009636，专利名称为"执行访问程序的方法和装置"的专利（简称"636 专利"），于 2011 年 8 月 30 日授权。该专利的发明人是费思·M·奥兹鲁特克（Fatih M.Ozluturk）和加里·R·隆珀（Gary R. Lomp）。该专利描述了一种用户单元获得对蜂窝 CDMA 系统的访问的方式。InterDigital 拥有 636 专利，并在此案件中主张独立权利要求 1 和从属权利要求 2 和 4～8。636 专利和 830 专利为相关技术，并且具有相同的说明书。这些专利统称为"功率提升（power ramp-up）"专利。

美国专利号 7502406，专利名称为"用于码分多址（CDMA）通信系统的自动功率控制系统"的专利（简称"406 专利"），于 2009 年 3 月 10 日授权。该专利的发明人是加里·R·隆珀（Gary R. Lomp），费思·M·奥兹鲁特克（Fatih M.Ozluturk）和约翰·科沃斯（John Kowalski）。该专利描述了用于 CDMA 系统的自动功率控制。InterDigital 公司拥有该专利，并已主张独立权利要求 29 和从属权利要求 6、13、20 和 26。在此案件中，它们分别引用独立权利要求 1、7、15、21 和从属权利要求 22。

美国专利号 7706332，专利名称为"执行功率控制的方法和用户单元"的专利（简称"332 专利"），于 2010 年 4 月 27 日授权。该专利的发明人是费思·M·奥兹鲁特克（Fatih M.Ozluturk）和加里·R·隆珀（Gary

R. Lomp）。该专利描述了用户单元和基站进行通信以控制从基站到蜂窝CDMA系统中的用户单元的传输的功率电平。InterDigital公司拥有332专利，并已在该案件中主张独立权利要求8及其从属权利要求9、10、11和14，以及从属权利要求2、3、4、7、22-24和27。这些权利要求来自未主张的独立权利要求1和21。332专利和406专利是相关的，并且这两项专利统称为"功率控制"（power control）专利。

美国专利号7970127，专利名称为"用户设备标识特定加扰"的专利（简称"127专利"），于2011年6月28日授权。该专利的发明人是史蒂芬·G·迪克（Stephen G. Dick），纳德·博洛基（Nader Bolourchi）和申成赫（Sung-Hyuk Shin）。该专利描述了3G WCDMA系统中使用的高速下行链路分组接入（HSDPA）的各个方面。InterDigital公司拥有该专利，并在此案件中主张独立权利要求1和从属权利要求2-7。

美国专利号7536013，专利名称为"特定于用户设备标识加扰"的专利（简称"013专利"），于2009年5月19日授权。该专利的发明人是史蒂芬·G·迪克（Stephen G. Dick），纳德·博洛基（Nader Bolourchi）和申成赫（Sung-Hyuk Shin）。该专利描述了3G WCDMA系统中使用的高速下行链路分组接入（HSDPA）的各个方面。InterDigital公司拥有013专利，并在此案件中主张独立权利要求16和从属权利要求17-19。013专利与"127专利"有关，两项专利称为"UE ID"（用户设备识别，user equipment identification）专利。

美国专利号7616970，专利名称为"用于短距离、高速率和远程的双模式单元、较低速率的数据通信"的专利（简称"970专利"），于2009年11月10日授权。该专利的发明人是托马斯·E·戈萨奇（Thomas E. Gorsuch）。该专利描述了短距离、较高速度和远程、较低速度的无线通信。970专利被称为"双模式用户"专利。InterDigital公司拥有该专利，并在此案件中主张独立权利要求1和10，以及从属权利要求2-9和11-18。

涉案专利中指控的权利要求见表6-1。

表 6-1　337-TA-800 案涉案权利要求

涉案专利	涉案权利要求			
	2011.8.31	2011.12.5	2012.7.24	2013.1.3
US7706830	1-3、5-8、10、16-18、20-23、25	1-3、5-8、10、16-18、20-23、25	1-3、5-8、10	1-3、5
US8009636	—	1-4、6-9、29-31	1-4、6-9、29-31	1-4、6-9、29-31
US7502406	1、2、6-9、13、15-16、20-22、26、28-30、34-36、40	1、2、6-9、13、15-16、20-22、26、28-30、34-36、40	6-8、13、15、20-22、26、29	6、13、20、26、29
US7706332	1-27	1-27	1-4、7-11、14、21-24、27	2-4、7-11、14、22-24、27
US7970127	1-14	1-14	1-7	1-7
US7536013	1-19	1-19	16-19	16-19
US7616970	1-18	1-18	1-18	1-18

InterDigital 公司在这项调查中指控约 150 件侵权设备。每个被控产品均设计为可与 WCDMA 标准、CDMA2000 标准或二者均兼容。根据设备中使用的基带处理器，被控产品可分为三类："高通被控产品""诺基亚 / 德州仪器被控产品"和一类保密的产品。"高通被控产品"使用由高通公司开发的基带处理器，"诺基亚 / 德州仪器被控产品"使用由诺基亚开发并由德州仪器制造的基带处理器。

本次调查中有 65 款华为的设备存在争议，其中包括智能手机、功能手机、平板电脑、移动 Wi-Fi（也称"Mi-Fi"）设备、USB 笔记本电脑棒、无线网关、固定无线终端和 3G 模块。

本次调查中有 34 款中兴通讯的设备存在争议，其中包括智能手机、功能手机、Wi-Fi 设备、USB 笔记本电脑棒、3G 模块和无线家庭电话设备。

2. 具体救济请求

申请人要求对被申请人发布排除令和禁止令。

（三）立案调查

2011 年 8 月 25 日，美国国际贸易委员会决定立案并指定行政法官，案号 337-TA-800。调查完成的目标日期被定为约 18 个月，即 2013 年 2 月 28 日。

（四）应诉

2011 年 8 月 30 日，华为聘请了 Covington Burling 律师事务所应诉。

2011 年 9 月 1 日，中兴通讯聘请了 Brinks, Gilson and Liane 律师事务所应诉。

（五）调查过程

2011 年 12 月 5 日，行政法官通过动议：InterDigital 公司增加 LG 作为被申请人，并指控其行为侵犯其所有的美国专利号 8，009，636 的权利要求 1-4，6-9，29-31。

2012 年 1 月 6 日，行政法官通过动议：InterDigital 公司、诺基亚、华为和中兴通讯动议将调查完成目标日期延长四个月，即 2013 年 6 月 28 日。

2012 年 7 月 24 日，行政法官通过动议：InterDigital 公司动议终结以下权利要求的调查：013 专利的权利要求 1-15，127 专利的权利要求 8-14，540 专利的全部权利要求，406 专利的权利要求 1、2、9、16、28、30、34-36 和 40，332 专利的权利要求 5、6、12、13、15-20、25 和 26，830 专利的权利要求 16-18、20-23 和 25。

2012 年 8 月 14 日，行政法官举行了一次预听证会，讨论证据调查和安排事项。

2012 年 10 月 28 日，行政法官通过动议：各方动议延长调查完成目标日期至 2013 年 10 月 28 日。

2013 年 1 月 3 日，行政法官通过 InterDigital 公司终结以下权利要求调查的动议：406 专利的权利要求 7、8、15、21 和 22，332 专利的权利要求 1、21、830 专利的权利要求 6-8、10。

2013 年 2 月 12 日，举行了预听证会，随即开始了本次调查的证据听证会，证据听证会持续到 22 日结束。

（六）初裁

2013年6月28日，行政法官做出初裁，认定华为和中兴通讯没有违反"337条款"的情况。初裁决定主要包括以下内容。

（1）被申请人的产品并未侵犯以下4项美国专利的权利要求：

830专利的权利要求1、2、3、5；

636专利的权利要求1、2、4、6、7、8；

406专利的权利要求6、13、20、26、29；

332专利的权利要求2-4、7-11、14、22-24、27。

（2）被申请人的产品落入专利号为7616970的美国专利的权利要求1-9的保护范围，但有明确且令人信服的证据表明，在现有技术的启示下，该专利的权利要求1-18是无效的。

（3）以下专利的权利要求被证实无效：

127专利的权利要求1-7；

013专利的权利要求16-19。

（4）被申请人不能证明他们拥有所主张专利的学科，也没有在公平/FRAND辩护中胜诉。❶

（5）InterDigital公司存在实施其所主张的专利的国内产业，符合"337条款"的要求。

（七）复审及终裁

2013年7月15日，InterDigital公司申请对初裁决定进行复审。InterDigital公司不认可初裁决定中行政法官关于指控产品不侵犯830、636、406、332专利主张的权利要求的认定，也不认可关于970专利无效的认定。

同日，调查律师和被申请人申请对InterDigital公司存在实施其所主张的专利的国内产业这一点进行复审。

---

❶ FRAND具有如下的含义："公平"意味着不能在相关市场上利用知识产权许可限制竞争，"合理"意指知识产权许可费或者许可费率应该合理，"无歧视"则要求知识产权持有人对每个条件相似的被许可人采取相同的许可基准。

2013年7月23日，各方对复审请求做出回复。

2013年9月4日，美国国际贸易委员会决定对初裁决定进行全文复审，以及要求就与国内产业有关的一个问题进行简报。

2013年9月27日，各方针对复审事项提交书面意见。

2013年12月19日，美国国际贸易委员会做出复审决定，认定并没有发现违反"337条款"的情况，复审决定主要包括以下内容。

（1）对于830专利和636专利确认行政法官的发现，即被控产品不满足"成功地发送信号"的限定。该限定意味着"比正常长度的代码短的代码一个接一个地发送到基站"，在某种程度上，"成功地发送信号"对应的是短代码。

（2）对于636专利，美国国际贸易委员会决定撤销行政法官关于"后续传输"（subsequent transmission）限定的调查结果。

（3）关于406专利和332专利，对于行政法官将权利要求术语"功率控制位"（power control bit）解释为"以等同于APC更新速率的APC数据速率传输的单位电源控制信息"（single-bit power control information transmitted at an APC data rate equivalent to the APC update rate），美国国际贸易委员会决定将其限制解释为仅包含"单位功率控制信息"（single-bit power control information）部分。

（4）美国国际贸易委员会确认了行政法官关于970专利、013专利和127专利的调查结果，即在现有技术的启示下，这些专利是无效的。

2014年2月12日，美国国际贸易委员会做出终裁裁定，InterDigital公司不服上诉至美国联邦巡回法院。2015年2月19日，美国联邦巡回上诉法院发布支持美国国际贸易委员会关于涉案3G无线设备未侵犯InterDigital公司专利权的最终裁决。

至此，被申请人获得本次"337调查"和司法诉讼的全面胜利。

二、案例点评

（一）申请人策略分析

1. 申诉时机

2011年，华为和中兴通讯在全球智能手机市场渐露头角。据2011年6月千禧传媒公司（Millenial Media）发布的5月份移动综合（Mobile Mix）报告显示，在美国手机市场设备制造厂商方面，苹果公司市场份额为30.8%，排名第一，iPhone连续20个月以来成为最受消费者喜爱的手机；三星市场份额占13.6%，位居第二；紧跟其后的是黑莓，市场份额为13.3%；HTC和摩托罗拉分别以10.9%和9.5%的市场份额位居第四位和第五位。华为市场份额占2.6%，排名第七。同时，华为为了开拓美国市场采取了一系列进攻策略。如邀请前北电网络（Nortel）首席技术官约翰·勒泽（John Roese）和前摩托罗拉无线业务欧洲销售主管何塞·菲格罗亚（Jose Figueroa）等业内技术和销售骨干加入华为，致力于华为美国研究基地的本土化创新。❶

对于中兴通讯而言，著名调研机构IDC发布了《全球CDMA市场分析报告》，报告显示从2005年到2010年连续六年，中兴通讯均保持了CDMA基站出货量稳步增长的态势。截至2011年第二季度，中兴通讯CDMA产品已经在全球70多个国家120多家运营商大规模商用，其中在美国、印度、印度尼西亚、捷克等60多个国家和地区建立了80多个CDMA2000 1xEV-DO网络。截至2011年上半年，中兴通讯基站出货量超过32万台，以32.6%的市场份额保持CDMA全球市场首位。同时，中兴通讯已经获得了包括CSL、Telenor、Sonaecom、H3G等在内的23个LTE商用合同，与全球80多个运营商合作并部署试验网，LTE终端订货量超过10万部，供应全球高端运营商。❷

---

❶ 观察者. 华为为何难进美国市场？[EB/OL].〔2011-04-13〕〔2021-03-08〕.https://www.guancha.cn/Macroeconomy/2011_04_13_56056.shtml.

❷ 中兴通讯官网. 中兴通讯以32.6%的市场份额领跑全球CDMA市场.[EB/OL].〔2011-11-03〕〔2021-03-08〕.https://www.zte.com.cn/china/about/news/346437.

华为和中兴通讯在美国市场份额的扩张引起了国际手机巨头的警觉。为遏制华为等在美国市场的进一步扩张，以 InterDigital 公司为代表的多家美国企业向华为和中兴通讯发起了一连串的"337 调查"申请，而该案是这一连串调查的首宗案例。

此外，InterDigital 公司属于 NPE（Non-Practicing Entities，非实施实体）。它们不实施专利，不以将专利实施后生产产品来获取利润为目的，而是通过诉讼或者其他手段许可他人使用专利从而收取专利费。InterDigital 公司掌握了大量电信领域的标准必要专利，而华为在生产、销售通信产品时无法避开 InterDigital 公司的标准必要专利。InterDigital 公司与华为曾经就专利许可费问题进行过多次谈判，而此次 InterDigital 公司对华为和中兴通讯的打击，真正目的很可能就是为了借助市场支配地位获取高昂的专利许可费。2011年12月，华为向深圳市中级人民法院提起针对 InterDigital 公司的标准必要专利使用费纠纷一案。经审理，广东省高级人民法院终审认定 InterDigital 公司向华为提出的专利许可费远高于"许可给三星公司及苹果公司的标准"，不符合 FRAND 原则。这个案件可以印证上述推测。

2. 专利储备

InterDigital 公司在全球主要市场国家均有丰富的专利储备。表 6-2 对每个涉案专利的简单同族专利和 INPADOC 同族专利进行了统计，表中显示涉案专利的同族专利数量十分庞大，可见 InterDigital 公司对于相似技术的保护十分全面，形成了专利池效应。下文将针对涉案专利的个案情况，分析相关技术的专利储备量。

表 6-2 337-TA-800 案涉案专利的同族专利统计　　单位：件

涉案专利	简单同族	INPADOC 同族
US7349540	86	90
US7706830	31	42
US8009636	31	525
US7502406	271	525

续表

涉案专利	简单同族	INPADOC 同族
US7706332	3	42
US7970127	86	90
US7536013	86	90
US7616970	49	58

3. 争辩焦点

830 专利和 636 专利主张的权利要求中都出现了"成功发送信号"（successively sends transmissions）的权利要求中的技术术语，该术语的解释成了争辩的焦点之一。

行政法官采用了被申请人提出的解释，意思是"比正常长度的代码短的代码一个接一个地发送到基站"（transmits to the base station, one after the other, codes that are shorter than a regular length code）。在解释权利要求时，行政法官指出说明书的对应部分，指出它描述了从用户单元到基站的"信号"（transmissions），进一步参考了说明书对优选实施例的描述，最终得出结论："830 专利说明书中的这些段落清楚地表明，所要求的从用户单元到基站的'信号'包含代码"，而在说明书没有任何一点表明所要求保护的信号是 InterDigital 公司提出的广义"RF 信号"（RF emissions）。行政法官还发现专利"披露了在随机访问过程中连续发送的代码（短代码）既未用数据调制，也未用于调制数据。"也就是说，行政法官发现"代码"本身是连续传输的内容，而不是用数据调制的代码。因此，行政法官认为被申请人的 WCDMA 产品不符合限制条件，判定被申请人不存在侵权行为。

4. 利用程序优势

2011 年 9 月 27 日，InterDigital 公司提出了动议，要求发布所附的建议书。建议书请求哥伦比亚地区法院代表 InterDigital 公司发出请求书，用以从国外第三方证人爱立信、阿尔卡特朗讯公司以及原诺基亚西门子通信技术有限公司（现用名：诺基亚通信技术有限公司）那里获得文件和交存证词。具体而言，InterDigital 公司希望从爱立信公司、阿尔卡特朗讯公司和诺基亚西门子通信公司寻求发现，因为它们至少是 3G 蜂窝网络中使用的基站基础设施设备的制造商，这些设备与华为、诺基亚、中兴通讯的被控侵权的 3G 无线设备进行了互动。InterDigital 公司认为，这些第三方证人最了解其基站的操作，并且基站的操作与被申请人的无线设备是否侵犯某些主张专利有关。

根据《海牙公约》规定："在民事或商事事项中，缔约国一方的司法当局可以根据该缔约国的法律规定，以书面形式向缔约国另一方的主管当局请求，获取证据或执行其他司法行为。"由于美国和上述三个国家都是《海牙公约》的缔约国，哥伦比亚特区地方法院有权签发请求书，请求获取相关文件。因此，InterDigital 公司利用《海牙公约》和美国法院的相关支持来获得国外第三方证人的证据文件，对其更好地了解被控侵权产品的技术特征起到了一定作用。

5. 寻求复审支持

2013 年 7 月 15 日，InterDigital 公司申请对初裁决定进行复审，不同意指控产品不侵犯专利 830，636，406，332 的主张权利要求，不同意 970 专利基于现有技术而无效。

对于 830 专利和 636 专利中出现的权利要求术语"成功传送信号"的解释争议上，InterDigital 公司提交了一份请愿书，要求对行政法官的主张进行质疑，并辩称行政法官不当地限制了"信号"一词的简单含义。根据 InterDigital 公司辩称，"信号"是指" RF 信号"或"信号"，而不是由行政法官解释的"短于常规长度代码的代码"。具体而言，InterDigital 公司辩称，内在证据中没有任何内容表明专利权人意图限制"信号"的一般含义，并指责行政法官通过允许优选实施例限制权利要求术语的一般含义，违反了权利要求解释的基本规则。InterDigital 公司进一步辩称，内在证据支持其解释，并指向专利所源自的原始应用。该应用包括引用"传输周期性信号"（transmitting a periodic signal）的权利要求，并且根据 InterDigital 公司的说明，该说明书考虑了"传输'信号'"（Transmitting a Periodic Signal）。与行政法官的'比常规长度的代码短的代码'解释相比，它要求更宽泛的权利要求术语'信号'结构。"

被申请人认为，行政法官的解释与内在证据、专家证词和联邦巡回法院的相关调查中的意见是一致的。被申请人还指出，联邦巡回法院发现，与 InterDigital 公司的论点一致的是"该说明书明确启动代码不用于传播信号"。

美国国际贸易委员会复审认为 InterDigital 公司的论点没有说服力，并采用了行政法官的说法——"成功发送信号"是指"向基站传输的代码比正常长度的代码短"。该解释由涉案专利的内在证据和外在证据共同支持。对于 lnterDigital 公司辩称的行政法官的解释不正确，因为不当地限制了"信号"一词的直接含义的意见，行政法官认为，尽管"信号"可能意味着"RF 信号"，但争议中的权利要求限制陈述了"成功发送信号"而不仅仅是"信号"。在 830 专利和 636 专利中，"成功发送信号"是指向基站传输短代码。

另外，涉案专利的权利要求语言为被申请人的意见提供了进一步支持。830 专利的权利要求 1 描述了一种"发射器，其配置为，当用户单元首次访问 CDMA 网络并希望与基站建立通信时……发射器在用户单元从基站接收到至少一个连续发送的信号已经被基站检测到的指示之前，先成功发送信号"，并且"每个连续发送的信号都比消息短（Each of the Successively Sent Transmissions is Shorter than the Message）"。也就是说，权利要求本身将"成功发送信号"限定为传输短代码。此外，外部证据还支持行政法官的"成功发送信号"的解释，意思是"比正常长度的代码短的代码一个接一个地发送到基站"。实际上，InterDigital 公司的专家也承认，权利要求 1 的"成功发送信号"是指短代码。

对于涉案产品是否侵犯 830 专利和 636 专利，行政法官得出结论："由于采用的'成功发送信号'的解释要求传输包含代码，因为 PRACH 前导码不是代码，所以 WCDMA 被控产品不满足采用这种解释的权利要求限制。"

复审决定中，美国国际贸易委员会在某种程度上同意将"代码"解释为"短代码",但不同意行政法官的结论,即调制数据的代码实际上不是代码。830 专利和 636 专利公开了各种"代码"。例如,830 专利指出,"每个用户单元的基带数据信号乘以一个编码序列,称为'扩频码',其速率远高于数据速率",并且"这种编码导致传输频谱比基带数据信号的频谱大得多……"。换句话说,该说明书公开了用于调制数据并将其称为"代码"的扩频码。确实,在 InterDigital 公司一案中,联邦巡回法院撤销了美国国际贸易委员会对"扩频码"的限制,改为仅为调制数据的代码,发现 830 专利和 636 专利的共同的说明书也公开了不调制数据的扩频码,如短代码和引航码(Pilot codes)。因此,在美国国际贸易委员会看来,说明调制数据的代码不是代码会造成混淆。重要的是,这样的发现对于确定该调查中的非侵权判定是不必要的。

如以上关于权利要求的解释所讨论的,830 专利和 636 专利共同的说明书以及专家证词清楚地表明:"成功发送信号"限制是指短码的传输。短代码不会调制数据,这是没有争议的。例如,联邦巡回法院引用了专利 830 和 636 的相关说明书,指出:"该说明书将各种代码(如引航码和短代码)描述为'扩频码',即使它们不携带任何数据,也无意于这样做。"InterDigital 公司的专家证实,"成功发送信号"限制是指短代码的传输,而短代码不会调制数据。因此,行政法官关于被控产品不符合"成功发送信号"限制的发现是正确的,被控产品因此并不侵犯 830 专利和 636 专利中主张的权利要求。因此,美国国际贸易委员会肯定了行政法官的调查结果,并作出相应修正。

InterDigital 公司通过不断寻找内在证据和外部证据,企图扩大争议权利要求术语的解释范围,但其内在证据的力度不足;外部证据即 InterDigital 公司的专家都承认其论点得不到支持,因此美国国际贸易委员会并没有采用 InterDigital 公司的观点。在此基础上,由于被控产品不符合该权利要求术语的限制,因此并不落入专利 830 和 636 的保护范围中,被申请人不构成侵权,InterDigital 公司的复审并不成功。

6. 申请调查与提起诉讼的目的

尽管在 2011 年，华为和中兴通讯对于美国智能手机市场并没有造成巨大冲击，但已经有崛起的势头。正是在这个时候，InterDigital 公司对华为和中兴通讯发起了"337 调查"，并请求发布排除令和禁止令作为救济方式，意图压制中国企业在美国智能手机市场占有率的提升，阻碍中国自主品牌的国际化进程。华为和中兴通讯从此案件起，连续遭遇的几起"337 调查"都获得了全面的胜利，大大鼓舞了中国企业应诉"337 调查"案件的信心，有效地遏制了美国企业滥用"337 调查"制度对中国企业进行打击的行为。

（二）被申请人策略分析

1. 积极应诉

被申请人采取了积极应诉的策略，在立案之后数天时间内便聘请了律师事务所进行应诉。

2011 年 9 月 27 日，在立案约一个月之后，华为提交了一份针对立案申请书的答复。其中，初步提出了以下辩护策略：无效抗辩（invalidity）、不侵权抗辩（non-Infringement）、申请人不存在国内产业（lack of Domestic Industry）、不可实施性、专利申请历史懈怠、违反 RAND 或 FRAND 的专利滥用、明确许可或默示许可（express or implied license）、不洁之手（unclean hands）、违反 SSO 等合同披露义务（breach of contract）、公平和承诺禁止反言（equitable and promissory estoppel）等。

除积极应对外，华为还采取了一系列策略对 InterDigital 公司进行反击。2011 年 12 月，华为向深圳市中级人民法院提起针对 InterDigital 公司的标准必要专利使用费纠纷一案。案经审理，法院认定 InterDigital 公司向华为提出的专利许可费标准远高于"许可给三星公司及苹果公司的标准"，不符合 FRAND 原则。InterDigital 公司对该判决不服并上诉至广东省高级人民法院。2013 年 10 月，广东省高级人民法院维持了深圳市中级人民法院的上述判决。此外，华为在 2013 年 5 月向国家发改委举报 InterDigital 公司对华为等通信设备制造企业收取歧视性高额的专利许可费，涉嫌滥用市场支配地位。2013年6月，国家发改委对InterDigital公司发起反垄断调查。❶

2. 采取申请人涉案专利无效策略

对于970专利，被申请人采取了依托现有技术进行无效抗辩的策略并获得成功。

被申请人声称，有两个现有技术参考文献，分别是授予贾斯汀德·贾万达（Jastinder Jawanda）的美国专利6243581（"'贾万达'581专利"）和授予茱西·莱米莱宁（Jussi Lemilainen）和亨利·哈维里宁（Henry Haverinen）的美国专利6681259（"'莱米莱宁'259专利"）。因为它们描述了使用GPRS或其他现有技术协议的双模单元，所以970专利主张的权利要求所有限定的特征是显而易见的。

被申请人指出，贾万达581专利（单独或与GPRS标准，UMTS标准草案和/或IS-95/IS-657标准结合使用）使970专利的主张权利要求显而易见。被申请人依据贾万达581专利来建立其无效理由，在美国法律的规定下，581专利有资格作为970专利的在先技术。对于其无效理由，被申请人还依赖于1997年发布的GPRS标准以及UMTS标准的文档草案。最终，美国国际贸易委员会认定970专利无效。

3. 进行程序对抗

在调查过程中，被申请人需要向申请人披露产品的源代码，但被申请人认为2011年8月31日签订的保护令[在证据开示（Discovery）程序中，申请人基于正当理由请求避免其商业秘密泄露，法院据以核发的命令]所提供的机密性不足，因此根据337规则210.15（Commission Rule 210.15），主动提出对保护令进行修改，以针对调查过程中披露的源代码提供增强的机密性规定，更好地保护自身的技术秘密。

---

❶ 汪洪，郭雯."337调查"与应对——北京企业涉案案例分析及启示[M].北京：知识产权出版社,2017:247.

申请人和被申请人双方经过大量沟通、讨论，关于保护令的争议最终落在了三个问题上，不能达成共识，需要由行政法官做出裁决。

（1）关于取证时源代码的可用性方面

申请人希望源代码的提供者除提供源代码的纸质副本外，还应提供源代码的电子版，即"将机密源代码计算机或包含机密源代码计算机的内容副本的计算机带到取证地点"。被申请人认为仅提供纸质副本即可，无须提供电子版，以保护其源代码免于在传输过程中无意泄露。

申请人认为，鉴于源代码模块之间的相互依赖性，通常很难（如果不是不可能）预测证人可能需要引用代码的哪些部分才能回答特定问题。为了确保证人可以使用所有源代码来完全回答问题，在涉及源代码的诉讼中必须有一个安全的源代码计算机。否则，"取证实际上随时会停滞：当涉及或要求其他的代码部分时，需要从几百英里外的安全位置打印这些代码才能继续进行取证"。

行政法官同意申请人的意见，即在涉及源代码的诉讼中需要使用安全的源代码计算机。鉴于源代码计算机是安全的，因此可以在取证处使用此安全计算机，适当地平衡了申请人使用取证处的源代码的能力与被申请人及第三方非当事人的需求，以保护其源代码免于无意公开。

（2）关于检查室笔记本电脑的使用方面

申请人提出的保护令修正案与被申请人提出的修正案基本相同，不同之处在于，申请人希望在安全检查室内允许"专门用于记笔记的笔记本电脑"。

申请人认为，"与在安全的便携式计算机上并在安全的房间中做笔记以确保对源代码进行有效的检查和分析有关的'风险'，在被调查者提出的所有其他修订建议的其他规定中都得到了弥补，其风险远不及用手在纸和笔上做大量笔记的负担"。

被申请人认为，允许源代码检查室中的笔记本电脑存在所增加的风险，远大于申请人在笔记本电脑上记笔记的便利性。大多数现代笔记本电脑都配备了摄像头，无线网络适配器和/或蜂窝调制解调器，可用于捕获源代码的图像，以存储在笔记本电脑上或在检查室外部进行无线传输。即使没有这些功能，笔记本电脑用户也可以简单地将部分源代码重新输入到笔记本电脑中，从而对部分源代码进行未经授权的复制。

尽管行政法官对申请人希望使用笔记本电脑做笔记的想法表示同情，但申请人没有提供有关笔记本电脑的其他详细信息，因此同意被申请人的看法，即不允许在检查室携带笔记本电脑。

（3）关于使用源代码和未来发展活动的限制方面

被申请人认为，鉴于所涉及的高度机密信息，存在充分的理由暂时限制那些能够获得源代码的专家的未来发展活动。这种禁令将在调查的最终解决之后两年终止，并且"其规定旨在解决顾问或专家无法在他或她的脑海中分割知识或信息的现实"。

申请人争辩说，在已经存在的和签订的保护令中已经要求专家同意"仅出于调查目的使用此类机密商业信息"，这种规定已经足够。申请人断言，"受访者没有提供任何证据，证明InterDigital公司的每一位专家都是一个申请人的竞争对手的决策者。"因此，"对未来的参与进行全面限制是不必要的，并且会造成不适当的负担"。相反，申请人争辩说，"当事方应像本次调查一样，在逐个专家的基础上解决对未来活动的限制问题"。

行政法官认为，鉴于所涉及的高度机密信息，要求访问源代码的专家必须同意在调查结束后持续两年的调查后的受雇限制，调查结束包括在所有上诉结束后，行政法官认为这个限制期限过于繁重。然而，美国国际贸易委员会在本次调查中发布其最终裁定后的两年的限制期是适当的，以解决受访者的担忧，即"顾问或专家无法在他或她的脑海中分割知识或信息"。

被申请人充分地利用了"337调查"中的相关制度，积极地对保护令进行修改和争辩的行动，极大地保护了其技术秘密由于调查而外泄的风险。

（三）案件特点

（1）案情复杂。相较于其他的"337调查"案件，本案的双方当事人都是行业中的龙头企业，牵涉巨大的商业利益，案情较为复杂，涉案专利数和权利要求项数较多，涉案产品的数量较大，相应地，案件双方在调查过程中投入的人力、物力也是巨大的。以案件中搜集的证据量为例，仅申请人的证据目录就长达 323 页，而被申请人的证据目录更长达 379 页。另外，申请人还基于《海牙公约》，请求法院向国外的三家基站制造商获取涉及涉案产品的相关技术文件。

（2）案件调查持续时间较长。从 2011 年 8 月 25 日立案起，至 2014 年 2 月 12 日做出终裁决定，持续时间 2 年 6 个月。案件调查过程中，申请人和被申请人都多次提出过延长调查时间的动议并获得批准。

（3）案件具有很强的专业性。该案所涉及的技术问题较为专业、深入，对办案人员的专业知识水平要求较高，并且需要相关领域的专家就技术问题给予专业帮助和意见，尤其是争辩焦点，涉及行业内相关术语的定义和应用，对侵权结果的判断起到决定性作用。

（四）案件结果的原因分析

在涉及软件程序的电子设备产品中，在提起调查之前，申请人即使能够获得产品，也未必能通过反向工程获得产品中的源代码，而只能根据大致的信息判断产品的实际技术。在通过"337 调查"获取产品的实际源代码之前，申请人甚至都不能获得准确的源代码信息，不能判断产品是否侵权。同时，对申请人而言，"337 调查"所耗费的巨大人力和物力，更加使调查的开展成为双方之间一个悬念较大的商业博弈。

在该案中，华为和中兴通讯积极应诉。在取证环节，两家企业积极对保护令进行动议修改，在确保技术秘密得到尽可能多地保护的前提下，向申请人提供必要的源代码，全力配合调查。对于 830 专利、406 专利、332 专利、127 专利和 013 专利主要采用不侵权抗辩，进行详细的技术比对和认真辩论，最后获得不落入专利权保护范围的判定。对于 970 专利主要采用无效抗辩，充分检索、找到有力的现有技术文件，成功将其认定为无效。

（五）案例启示

从该案结果看，对于申请人针对华为和中兴通讯指控的 6 个专利中，只有一个落入了专利权的保护范围，其余5个并未落入专利权的保护范围。从830专利和636专利的关键争议点也可以看出，涉案产品并未采用涉案的专利技术，而是采用了自主研发的技术。在应对"337调查"的问题上，最关键的还是中国企业进行创新研发，积累自主核心技术，同时进行合理的专利布局，成功保护了自身的知识产权。

这也告诉我们，企业在进入目标市场之前，需要充分了解竞争对手的技术和知识产权情况，通过对侵权风险进行评估，事先有效地为知识产权纠纷做好充足的准备。例如，通过检索现有技术，对对方专利技术进行无效抗辩，或者采用规避手段，绕过对方的专利保护范围等。

在应对"337调查"的准备上，企业内部需要配备专业人员，熟悉"337调查"规则，时刻关注"337调查"案件动向，也对产品技术和专业领域有深入的理解和知识储备，能够判断知识产权纠纷的风险；同时，与国内外的相关知识产权团队、律师事务所建立密切联系，通力合作，积极应对。

在"337调查"的过程中，除了要积极提供资料、配合调查以外，也要注重自身商业秘密的保护，及时对取证环节中的不当要求提出动议，通过修改保护令的方式完善取证环节中的机密性。

除在"337调查"的应诉环节之外，企业还可以利用国内的行政执法和司法程序，对申请人在中国的商业活动进行制衡，例如依法提起专利、商标、版权、不正当竞争、滥用市场支配地位、反垄断等方面的诉讼或调查。特别是，对于涉及行业标准的专利许可方面，可以根据FRAND原则对许可费用进行谈判和制约，并在对方违反该原则的情况下，充分利用各种举报和投诉机制对其进行制裁。

华为和中兴通讯作为我国的通信设备领域中的龙头企业，自2010年以来频繁遭遇"337调查"，虽然通过企业的积极应诉，大部分"337调查"均以和解或不侵权结案，企业的相关产品免于被驱逐出美国市场，但这些接连不断的知识产权纠纷，也成为企业发展路上的绊脚石，给企业的发展以及企业国际市场的开拓造成了很大的干扰。而且，在"337调查"中取得胜诉，并不意味着企业本身就一定能从案件中获利或者可以放松警惕。以华为为例，虽然华为在应对"337调查"中多次获胜，但其在美国市场的困局至今仍没有得到根本的改善，美国官方以及企业仍然在不断地以威胁国家安全、知识产权侵权等理由打压和限制华为在美国市场的发展。

为了减轻或者避免"337调查"给企业发展带来的不利影响，除需要企业自身的努力外，政府的支持也尤为重要。政府可以通过以下四个方面在"337调查"上给予企业支持：

（1）就"337调查"在程序上及条款的合理性上存在的相关问题，政府可以考虑启动对话机制，与美国政府进行磋商谈判，争取在减少对我国的贸易调查的问题上，达成一致共识。

（2）注重知识产权法律的时效性，并且要紧跟国际知识产权法律的发展方向，根据世界知识产权的发展变化，以及陆续与其他国家或组织签订的各种国际条约、双边、多边政府间协议，及时制定、修改、调整有关法律。❶

（3）尽快完善国家知识产权战略制度，并且可以考虑将"337调查"的应对纳入知识产权的总体战略布局中，并制订具体的措施，如制订337预警机制、应诉规则、应诉受益机制及救济扶助机制等。❷

（4）参考美国的"337调查"制度、日本的知识产权边境保护制度，以及韩国的知识产权不公平贸易调查制度，制定符合国际法知识产权边境保护的规定、具有中国特色且符合中国国情的中国"337调查"制度，作为反制美国企业滥用"337调查"遏制中国企业发展的措施之一。

第三节　337-TA-1053 案件分析

一、案情介绍

2017年3月29日，摩托罗拉解决方案公司（以下简称"摩托罗拉"）依据美国《1930年关税法》（*Tariff Act of 1930*）第337节规定向美国国际贸

---

❶ 朱旭云.我国知识产权不公平贸易调查制度之构建[J].知识产权,2015(03):70-74.
❷ 成夏愉."337调查"：中美贸易的新壁垒及我国应对策略[D].天津：天津商业大学,2016.

易委员会提出"337调查"立案申请，主张对美国出口、对美国进口和在美国销售的特定双向无线电设备和系统及其软件和组件侵犯了其专利权，请求美国国际贸易委员会发布有限排除令和禁止令。

2017年4月28日，美国国际贸易委员会投票决定对特定双向无线电设备和系统及其软件和组件（Certain Two-way Radio Equipment and Systems, Related Software, and Components Thereof）启动"337调查"（案号：337-TA-1053）。涉案产品为"一键通"无线电通信设备及包括中继器、基站和调度台在内的支持设备。指定应诉方为位于中国深圳的海能达通信股份有限公司（以下简称"海能达"）及其位于佛罗里达的海能达美国公司和位于加利福尼亚的海能达美国西部公司。

2018年11月16日，美国国际贸易委员会做出终裁：裁定列名被申请人侵犯关于第7369869号专利第1、6、17、21项主张，关于第7729701号专利第1、11项主张，关于第8279991号专利第7、8项主张；对三家列名被申请人的侵权行为发布有限排除令；对海能达及其美国公司发布禁止令，终止调查。美国国际贸易委员会还裁定列名被申请人重新设计的i系列DMR产品不侵权，可以继续向美进口和在美销售。

（一）当事人基本情况

1. 申请人

摩托罗拉是于2011年1月4号从原摩托罗拉公司分拆出来的独立公司，总部位于美国伊利诺伊州专注于公共安全无线电和手持扫描仪业务，包括设计、制造和销售专网通信基础设施、设备、系统软件和应用程序，并提供与其使用相关的服务，其产品线用于制造、教育、公用事业、运输和物流、石油和天然气、酒店和零售业等商业客户的DMR数字产品及解决方案；用于任务关键型通信领域的TETRA数字集群产品及解决方案，以及用于应急人员和公共安全组织的ASTRO和APX Project 25（"P25"）无线电、基础设施和调度系统，等等。

截至 2020 年 12 月 31 日，摩托罗拉拥有的已公开或公告的专利申请总量约为 1.27 万件，且自 20 世纪 90 年代以来，其每年的专利申请量均维持在较高的水平（图 6-13）。

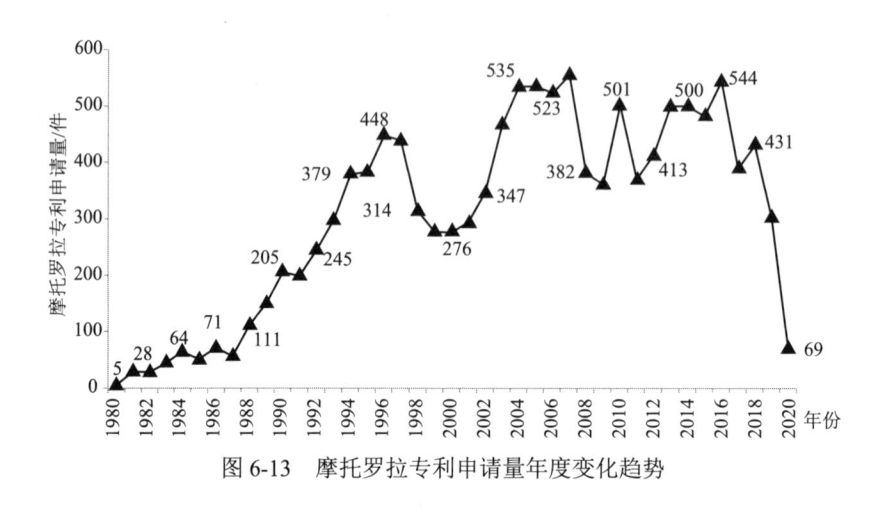

图 6-13　摩托罗拉专利申请量年度变化趋势

截至 2020 年 12 月 31 日，摩托罗拉部分专利由于专利权期限届满或其他原因而权利终止，已授权且仍维持有效的专利占比为 36.75%（图 6-14），有 4600 余件，有效专利储备量仍十分可观，且其专利类型中，发明专利的占比达 94.27% 说明其技术的创新程度和技术含量极高。同时，摩托罗拉还在全球 30 多个国家 / 地区进行了专利申请，在欧洲、美国、韩国、澳大利

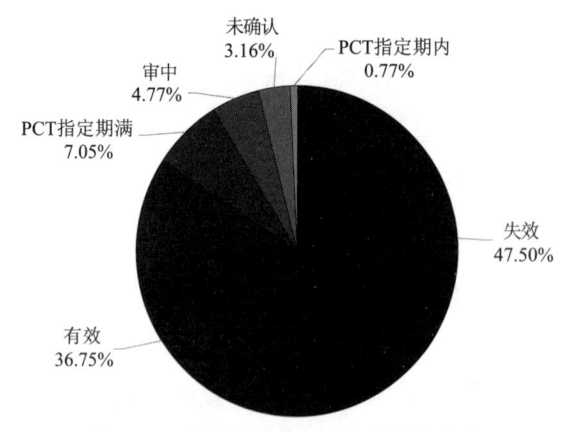

图 6-14　摩托罗拉专利的法律状态分布

亚和中国等其产品的主要市场国家/地区均布局了数量可观的专利,特别是其优势市场——欧洲、美国和韩国(图6-15)。

目前,在全球专网通信市场,摩托罗拉仍处于市场的领导地位,占据了全球专业通信设备市场将近一半的市场份额,在全球专网通信终端市场占据的市场份额最大,其优势市场以北美、欧洲为主。

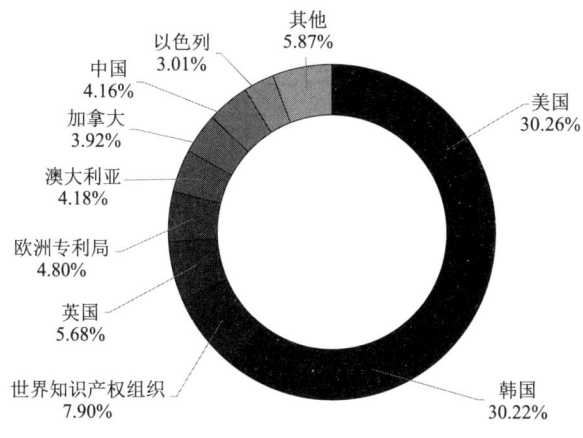

图6-15 摩托罗拉专利申请地区分布

2. 被申请人

海能达成立于1993年,原名深圳市好易通科技有限公司,2011年上市前启用Hytera(海能达)为新的公司品牌及数字产品品牌,公司名称也由"深圳市好易通科技有限公司"更改为"海能达通信股份有限公司"。海能达是全球领先的专网通信解决方案和设备供应商,专注于对讲机终端、集群系统等专网通信设备的研发、生产、销售和服务,并提供整体解决方案,其产品和解决方案广泛应用于政府及公共安全、轨道交通、公用事业和工商业的应急通信、指挥调度和日常工作通信等领域。

海能达是我国数字对讲机标准及警用数字集群通信标准(PDT)的核心起草单位,目前已成为全球主流通信标准协会的一员。它是全球少数能够同时提供TETRA、PDT、DMR全线产品和解决方案的公司,其产品远销全球120多个国家及地区,双向无线电设备和系统是其对美进口和销售的产品之一。在全球范围内，海能达在专业通信终端设备所占的市场份额仅次于摩托罗拉，且其近几年来的营收增速均超过了摩托罗拉，有后来居上之势。❶

2007年至2018年这12年间，海能达专利申请量逐年增加（图6-16），图6-16显示2020年申请量较低可能是由于部分专利申请未公开或公告，从而未纳入统计所致。截至2020年12月31日，海能达专利申请量为2000余件，有效专利占比为46.18%（图6-17）。

图6-16 海能达专利申请量年度变化趋势

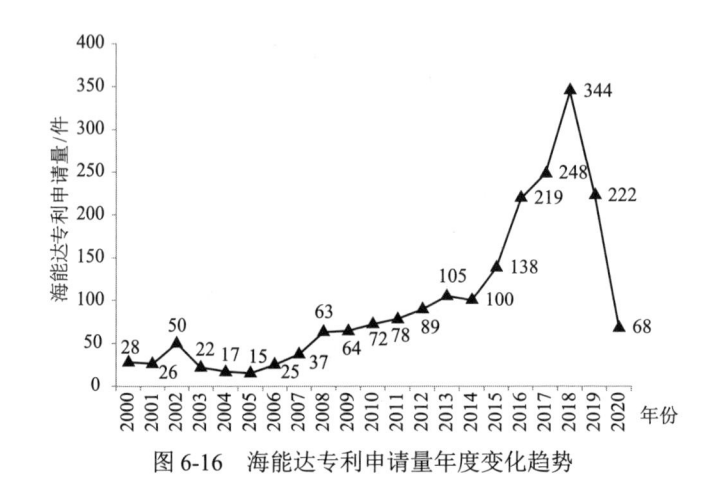

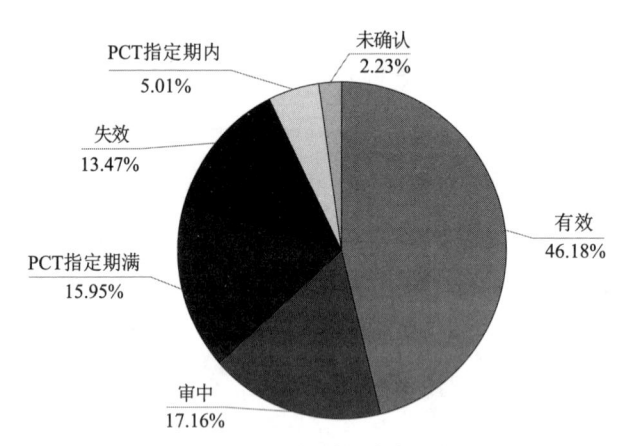

图6-17 海能达专利的法律状态分布

---

❶ 唐钰婷. 挑战摩托罗拉，"专网小华为"海能达的底气为何？[EB/OL].〈2020-06-03〉〔2021-03-08〕. http://finance.sina.com.cn/stock/relnews/cn/2020-06-03/doc-iirczymk5005374.shtml.

目前，海能达已在全球 20 多个国家／地区进行了专利申请，中国以外国家和地区的专利申请量仅占申请总量的 40.06%，其中在美国的专利申请量占申请总量的 4.13%（图 6-18）。海能达的产品已销往全球 120 多个国家和地区，2019 年国外销售额占比达 54.4%，❶ 且已在美国、欧洲、"一带一路"沿线国家及拉美地区形成一定的市场优势。

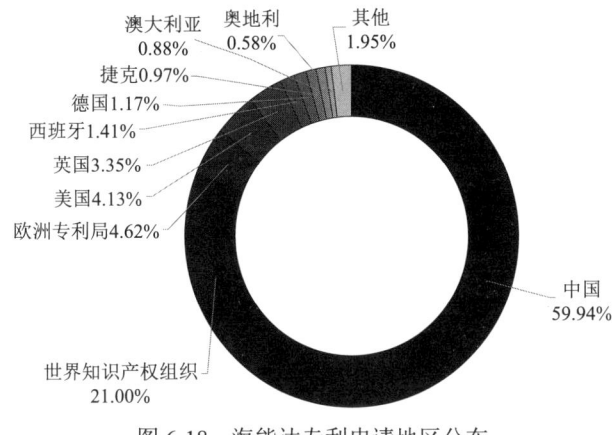

图 6-18　海能达专利申请地区分布

（二）提出申请

1. 涉及技术及专利介绍

摩托罗拉最初主张海能达及其两家美国公司侵犯了其 US8279991、US7369869、US7729701、US8116284、US8032169、US6591111 和 US9099972 共 7 件专利的专利权，但在调查过程中，陆续撤回了针对 US8032169、US6591111 和 US9099972 这三件专利的指控。相关专利介绍如下：

1) US8116284（以下简称"284 专利"），专利名称为"Method, Device, and System for Temporarily Selecting a Timeslot（临时选择时隙的方法、装置和系统）"，申请日为 2008 年 12 月 18 日，于 2012 年 3 月 14 授权。284 专利涉

---

❶ 唐钰婷. 挑战摩托罗拉，"专网小华为"海能达的底气为何？[EB/OL].〔2020-06-03〕〔2021-03-08〕. http://finance.sina.com.cn/stock/relnews/cn/2020-06-03/doc-iirczymk5005374.shtml.

及采用 TMDA 信令协议的通话组时隙选择方法、通信设备和无线通信系统，具体涉及允许各个无线电通信设备分配时隙给自己的方法、设备和系统。当它们的分配时隙不可用时，无须使用集中式控制器。根据该专利，在无线电通信设备开始通信之前，它会检查默认分配给它的特定时隙是否可供其使用。当指定的默认时隙不可用时，无线电通信设备会搜索另一个不同的、可用的时隙，而不是等待中央控制器重新分配。当搜索到可用的时隙时，无线电通信设备临时选择它供使用。稍后，当无线电设备的默认时隙可用时，无线电设备可以重新选择它。图 6-19 为该无线电通信设备执行的方法流程图。

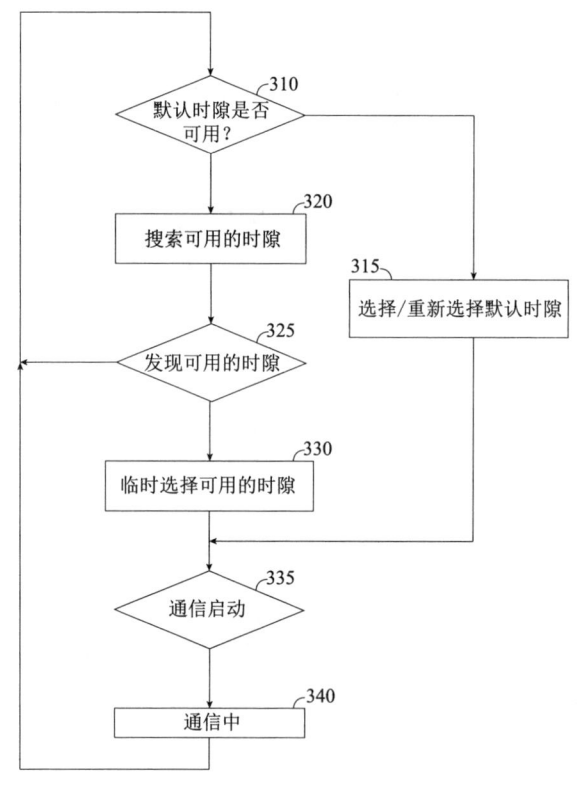

图 6-19　无线电通信设备执行的方法流程

在 284 专利的某些实施例中，公开了无线电通信设备 100、230、240、250 组成的通话组要通过至少一个中继器 210 进行通信（图 6-20）。

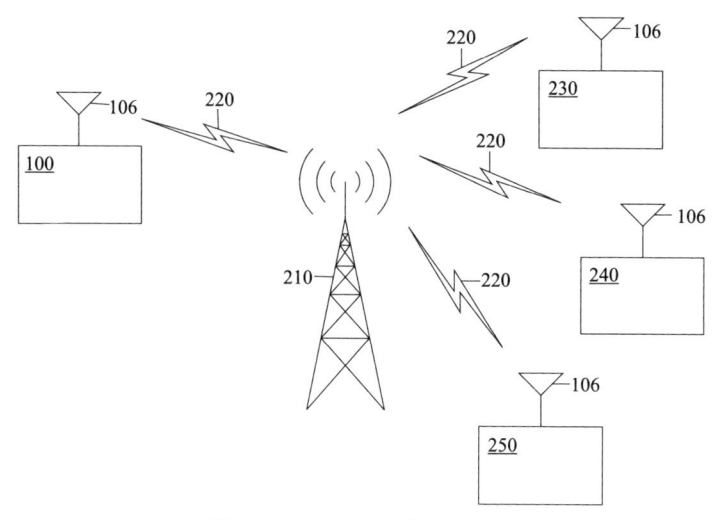

图 6-20　TDMA 无线通信系统

摩托罗拉主张海能达及其两家美国公司侵犯了其 284 专利的权利要求 9 和权利要求 13-15。

2）US7369869（以下简称"869 专利"），专利名称为"Method and System of Scanning a TDMA Channel（扫描 TDMA 信道的方法和系统）"，申请日为 2004 年 7 月 26 日，授权日为 2008 年 5 月 6 日。该专利公开了一种在无线通信领域中由用户单元扫描 TDMA 通道的方法和系统。其中，"扫描"是双向无线电用户单位（或"SUs"）使用的一个功能，包括移动和便携式设备，如车载或手持无线电。扫描功能特别允许 SU "锁定"到 SU 中预编程列表中的特定信道，并监视这些信道以获得对 SU 有用的信息。现有技术中，如果预编程列表很长及有很多 RF 频率，那么这个扫描时间会很长。为了最小化扫描时间和更有效地识别相关通信，869 专利描述了一个可以快速扫描信道活动和识别感兴趣的传输的过程。具体为，一个 SU 解码包含关于信道活动的多条信息的控制信息 [control messages，在其中一个实施例中，也被确定为活动更新信息（activity update messages）]。图 6-21 提供了一个示例性控制消息的图。

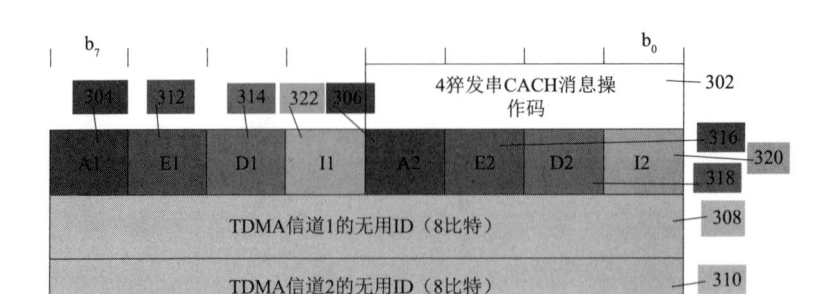

图 6-21 控制消息示例

如图 6-21 所示，字段 304 和 306 表示"信道目前是否支持呼叫或传输"，即信道上是否有活动。标识字段 308 和 310 包括活动传输的目标 SU ID 或通话组 ID。字段 312 和 316 表示活动是紧急传输还是非紧急传输，字段 314 和 318 表示活动是语音还是数据传输，字段 320 和 322 表示活动是组调用还是单个调用。

因此，控制消息包括：

（1）关于信道上是否有活动的信息；

（2）如果有，则提供有关该活动的特征的信息，该信息可以让 SU 确定该活动是否为"感兴趣的"，即是否将其定向到扫描 SU 或 SU 的一个通话组中，或者该活动是否具有其他特征，例如表示它是一个对 SU 有用的紧急呼叫，语音呼叫或群组呼叫。这些控制消息可以在信道上定时，以确保它们在一定时期内被 SU 接收。如果 SU 确定活动感兴趣，则 SU 保持在信道上以接收活动；否则，SU 将移动到预编程列表中的下一个通道。这样，SU 就可以快速确定活动是否是感兴趣的，而不必实际等待和接收活动。

摩托罗拉主张海能达及其在美的两家子公司侵犯了其 869 专利的权利要求 1、6、17 和 21。

3）US7729701（以下简称"701 专利"），专利名称为"Method and System of Accessing a De-Keyed Base Station（访问脱键基站的方法和系统）"，申请日为 2005 年 7 月 28 日，授权日为 2010 年 6 月 1 日。

701 专利中描述了其发明目的在于提高无线通信系统中基站和移动站

之间通信的效率和可靠性。该专利通过发明在没有接收到移动站的"唤醒（wakeup）"信息情况下，"重新加密（re-keying）"一个基站并重复移动站传输的技术，解决了现有技术中 TDMA 系统信息丢失和不可靠性的问题。通过使用"临时脱键状态"，基站虽然脱键，但其仍然会识别来自移动站的适当同步传输。它将重新加密，然后重复正确地同步传输。

在一个"传统的 TDMA 系统"中，摩托罗拉和海能达均认可的一个关键的权利要求术语是，有一个单独的"控制器"来管理或"控制"基站和移动站之间的通信。

摩托罗拉主张海能达及其两家美国公司侵犯了其 701 专利的权利要求 1 和 11。

4）US8279991（以下简称"991 专利"），专利名称为"Method of Efficiently Synchronizing to a Desired Timeslot in a Time Division Multiple Access Communication System（在时分多址通信系统中高效地同步至期望时隙的方法）"，申请日为 2008 年 12 月 9 日，授权日为 2012 年 10 月 2 日。

991 专利公开了一种在 TDMA 系统中传输通信的方法。为了显著提高在 TDMA 系统中传输期间通道资源的使用效率，991 专利公开了同步模式的使用，与现有技术 ETSI-DMR 标准中的同步模式不同，该同步模式对应频率上的特定时隙。例如，991 专利描述了一个"两个时隙 TDMA 通信系统"。该系统中，发射装置知道与频率上的两个时隙中的每一个相关联的不同的同步模式。在一个实施例中，所述发射装置可以在任一时隙上传输。当准备在时隙上传输时，发射装置可以检测频率上的同步模式，并且由于这些模式与特定的时隙相关联，因此发射设备可以很容易地确定哪些时隙是"繁忙"（在使用中）或"空闲"（不使用）。这样，传输设备，如中继器或用户，可以根据时隙是空闲还是繁忙来选择用于传输的时隙，即传输时隙可以动态地改变，因为系统中的频率会基于检测到的共通道用户的存在或不存在而变得可用或不可用，或者是因为系统中频率上的时隙变得繁忙和/或空闲。一旦选择了一个时隙进行传输，传输设备就会为该时隙选择相应的同步模式，这将通知系统中的其他设备，选定的时隙现在繁忙。

摩托罗拉主张海能达及其两家美国公司侵犯了其991专利的权利要求7和8。

5）US8032169（以下简称"169专利"），专利名称为"System and Method for Providing Low overhead Floor Control in a Distributed Peer-to-Peer Communications Network（在分布式对等通信网络中提供低开销发言权控制的系统及方法）"，申请日为2007年11月28日，授权日为2011年10月4日。摩托罗拉最初主张海能达及其在美的两家子公司侵犯了169专利的权利要求1-5、7、8、10、12-16、18、20-25、27、29和30。

6）US6591111（以下简称"111专利"），专利名称为"Group Radio Communication System and Method Using Interconnected Radio Sub-networks（使用互连的无线电子网的组无线电通信系统和方法）"，申请日为1999年12月10日，授权日为2003年7月8日。摩托罗拉最初主张海能达及其在美的两家子公司侵犯了111专利的权利要求1、3-16。

7）US9099972（以下简称"972专利"），专利名称为"Method and Apparatus for Multi-stage Adaptive Volume Control（用于多级自适应音量控制的方法和装置）"，申请日为2012年3月13日，授权日为2015年8月4日。摩托罗拉最初主张海能达及其在美的两家子公司侵犯了972专利的权利要求1、3、4和6-8。

由于在调查过程中，摩托罗拉撤回了针对169专利、111专利和972专利的指控，故对这三件专利不再详述。

摩托罗拉针对991专利、869专利、701专利和284专利，指控的海能达的有关产品如表6-3所示：

表6-3 涉案产品列表

涉嫌侵犯284专利的产品	RD622、RD622i、RD982i、RD982i、RD982S、RD982Si、MD652、MD652i、MD782i、BD302、BD502、PD502i、PD502i、PD562i、PD602i、PD602i、PD662i、PD7982i、Xle、X1p及其所有变体，包括DMR无线电和接收器配件固件版本8.03和PD5固件版本7.06及更高版本（包括生成为"PD5 Set 21"的代码）
涉嫌侵犯869专利的产品	MD652、MD782、PD502、PD562、PD602、PD662、PD682、MD652、MD782、PD502、PD562、PD602、PD662、PD682、Xlp及其所有变体

续表

涉嫌侵犯 701 专利的产品	RD622、RD982、MD652、MD782、PD502、PD562、PD602、PD662、PD682、PD702、PD752、PD782、PD792、PD982、Xle、Xlp 及其所有变体
涉嫌侵犯 991 专利的产品	MD652、MD782、BD302、BD502、BD362、PD412、PD502、PD562、PD602、PD662、PD682、PD702、PD752、PD782、PD792、PD982、Xle、Xlp 及其所有变体

其中，针对 284 专利指控的产品中，模型编号中带有"i"后缀的包括 PD5i 系列（运行重新设计版本 PD5）和 PD6i、PD7i 和 PD9i 系列（运行重新设计版本 R8.3）的产品，在后续被认定为针对 284 专利重新设计的产品。

2. 具体救济请求

摩托罗拉请求美国国际贸易委员会在调查后发布有限排除令和禁止令。

（三）立案调查

2017 年 4 月 28 日，USITC 投票决定根据经修订的《美国 1930 年关税法》第 337 条 (b) 款启动"337 调查"，案号 337-TA-1053，以确定由于侵犯一个或多个以下权利要求而违反第 337 条 (a)(1)(B) 分节的规定在美国进口、进口销售，或在进口后在美国销售特定双向无线电设备、系统、相关软件和组件（certain two-way radio equipment and systems, related software, and components thereof）：284 专利的权利要求 1、2、4-10、12-16、18、19；869 专利的权利要求 1-14、17-28；701 专利的权利要求 1-5、8-15、17 和 18；991 专利的权利要求 7 和 8；169 专利的权利要求 1-5、7、8、10、12-16、18、20-25、27、29 和 30；111 专利的权利要求 1、3 16 和 972 专利的权利要求 1、3、4 和 6-8；并确定美国境内是否存在 337 条 (a)(2) 分节所要求的工业。

（四）应诉

2017 年 5 月 26 日，海能达针对调查通知书提交了答复。同时，海能达积极配合并全程参与了美国国际贸易委员会的调查，如积极答辩、参加马克曼听证会和技术演练以及参加证据发现和听证会、主动请求美国国际贸易委员会确认新产品不侵权等。

（五）调查过程

2017年5月26日—2018年1月31日，摩托罗拉陆续撤回了针对169专利、111专利和972专利的指控和对991专利、869专利、701专利和284专利部分权利要求的指控。其中，部分权利要求的撤回是为了满足国内工业技术要求。最终，剩余仍主张侵权的专利及权利要求：284专利的权利要求9、13-15；869专利的权利要求1、6、17和21；701专利的权利要求1和11，以及991专利的权利要求7和8。

2017年10月4日，马克曼听证会和技术演练举行。

2017年12月29日，行政法官签发了一项关于解释有争议的权利要求术语和定义本领域普通技术水平的命令。

2018年1月5日，摩托罗拉提出两项限制动议，要求排除对海能达许可抗辩的考虑和忽视海能达专家在证据听证会上的部分证词。海能达提出了两项限制动议和4项高优先级异议。

2018年1月16日，行政法官签发了规定有关海能达限制动议和高优先级异议裁决的命令。

2018年1月26日，行政法官签发了Order No.38，同意摩托罗拉提出的关于排除海能达许可抗辩的限制动议的命令。

2018年1月29日—2018年2月2日，行政法官组织举行了证据听证会，摩托罗拉和海能达均派专家出庭发表证人证词。

2018年5月18日，行政法官签发了Order No.47，部分同意摩托罗拉提出的关于忽视海能达在证据听证会上的部分专家证词的动议的命令。

（六）初裁

2018年7月3日，行政法官做出初步裁决，认为：

（1）海能达被指控的旧产品确实侵犯了284专利的权利要求9和13-15，而被指控的重新设计的产品在等同原则下侵犯了284专利的权利要求9和13-15；但摩托罗拉的国内工业产品未满足284专利的国内工业技术要求，即摩托罗拉的美国国内产品未使用284专利，不能满足在这一专利上证明"美国国内存在相关技术产业"的法律要求；

（2）海能达被指控的产品侵犯了869专利的权利要求1、6、17和21；701专利的权利要求1和11，以及991专利的权利要求7和8；且摩托罗拉在869专利，701专利和991专利方面满足了国内行业要求；

（3）海能达对被指控专利的所有权利要求诱导侵权或者间接侵权；且初裁决定中关于间接侵权的部分，决定对海能达施行不利的推论。

行政法官建议美国国际贸易委员会发布针对海能达侵权产品的有限排除令和禁止令。

（七）复审

2018年7月17日，摩托罗拉和海能达请求对初裁决定进行复审。其中，海能达的复审请求还包括对第47号决定进行复审。2018年7月25日，摩托罗拉和海能达分别对对方的复审请求做出了回应。

2018年9月4日，美国国际贸易委员会决定对初裁决定中的部分决定以及第38号和第47号决定进行复审，并将调查的目标时间延长至2018年11月16日。美国国际贸易委员会决定复审的事项包括以下五个方面：

（1）第38号决定中关于海能达的许可抗辩被排除的认定；

（2）第48号决定中关于海能达在证据听证会上的部分专家证词被忽视的认定；

（3）初裁决定中关于海能达被控重新设计的产品根据等同原则侵犯了284专利权利要求9和13-15的认定；

（4）初裁决定中作为间接侵权认定的一部分，对海能达施行的不利推论；

（5）初裁决定中关于发现没有充分在案证据以对是否有重新设计的产

品侵犯 701 专利做出结论性决定的认定，以及初裁决定中缺乏就 869 专利或 991 专利在此问题上的明确认定。

同时，美国国际贸易委员会还要求双方对以下四个问题进行答复：

（1）涉嫌侵犯 284 专利的重新设计产品与涉嫌侵犯 701 专利、869 专利和 991 专利的重新设计产品是否相同，如果有不同，有何不同；

（2）哪些特定的重新设计产品已经足够固定并最终能够在调查范围内正常使用，以及此类重新设计产品是否已进口到美国；

（3）海能达在调查结束前能否提供足够证据证明重新设计产品不侵权；

（4）对于摩托罗拉主张的每项专利的权利要求，其是否在听证会上出示证据就每种重新设计的产品侵权等四个问题进行答复。

摩托罗拉和海能达分别于 2018 年 9 月 18 日和 25 日按美国国际贸易委员会要求分别提交了一份摘要和一份答复摘要。

（八）终裁

2018 年 11 月 16 日，美国国际贸易委员会发布终裁，认定：

（1）海能达被指控的重新设计的产品未侵犯 US8116284 专利权利要求 9 和 13-15；

（2）确认 Order No.38 适当地排除了海能达在听证会上的许可辩护，但对 Order No.38 的部分内容进行了修改，修改内容：删除第 38 号决定第 8 页第四段的第一句和第二句，删除该段第三句中"没有分析（There is no analysis）"并替换为"在 Akl 博士的报告没有任何分析（There is no analysis in Dr. Akl's Report）"；删除第 38 号决定第 9 页上第一个完整段落的第二句；

（3）确认第 47 号决定，即确认海能达在证据听证会上的部分专家证词被忽视的认定，并补充和阐明其理由；

（4）对初裁决定中作为间接侵权认定的一部分，对海能达施行的不利推论不采取任何立场；

（5）有足够的在案证据证明海能达重新设计的产品未侵犯 701 专利、869 专利和 991 专利。

美国国际贸易委员会认定 701 专利、869 专利和 991 专利违反了"337条款",并发布了有限排除令和禁止令。

有限排除令禁止未经许可的侵犯 701 专利权利要求 1、11;869 专利权利要求 1、6、17、21;991 专利权利要求 7 和 8 中的一项或多项权利要求的特定双向无线电设备、系统、相关软件和组件的进口,这些产品由海能达或其任何关联公司、母公司、子公司或其他相关业务实体或其继承者或受让人在国外制造或由其进口。

禁止令禁止海能达及其两家美国公司在美国针对侵犯 701 专利权利要求 1、11;869 专利权利要求 1、6、17、21;991 专利权利要求 7 和 8 中的一项或多项权利要求的特定双向无线电设备、系统、相关软件和组件进行下列任何活动:进口、销售、营销、广告、分销、许诺销售、转让(出口除外)以及征集美国代理商或分销商。

二、案例点评

(一)申请人策略分析

1. 申诉时机

摩托罗拉和海能达均支持 TETRA 和 DMR 技术标准,并且各自掌握相关的核心技术,以及推出相关的数字产品和解决方案,二者在专网通信领域的多个产品线具有直接的竞争关系,互为对方在全球市场上最大的竞争对手。

在摩托罗拉针对海能达提起该案"337 调查"之前,海能达已陆续完成对多家德国 TETRA 系统厂商的收购并正在筹备收购英国赛普乐公司(Sepura),技术实力和品牌影响力不断增大。在海外 TETRA 和 DMR 项目竞标中,海能达也多次击败摩托罗拉,如 2017 年 2 月,海能达击败了摩托罗拉,中标了俄罗斯 2017 年 FIFA 联合会杯和 2018 年 FIFA 世界杯 TETRA 通信网络建设的项目。因此,在中国以外的专网通信领域市场上,海能达对摩托罗拉

的霸主地位提出了重大的挑战。❶

在中国，海能达与摩托罗拉的市场争夺更加激烈。2017 年 2 月 8 日，由公安部主导、国家政府大力支持，海能达联合中国国内其他专网通信领域厂商一起制订的、具有中国自主知识产权的全新数字集群通信标准 PDT（原 Police Digital Trunking，现已改为 Professional Digital Trunking）的十项公安行业标准全部发布，PDT 实现了设备研发、安全管理、检测认证以及工程实施的产业链全面覆盖。相对于由欧洲通信标准协会（ETSI）制订的泛欧数字集群系统 TETRA（Trans-European Trunked Radio System），PDT 的安全体系采用了中国国产加密技术和国产密码算法，保密程度更高，中国国内对 PDT 的认可度无疑会更高，TETRA 数字集群产品及解决方案的地位将受到很大的挑战。❷ 海能达作为参与制订 PDT 的企业之一，已依照 PDT 标准，开发了 PDT 对讲机、车载台、中继台及集群系统全系列产品。而 TETRA 数字集群产品及解决方案是摩托罗拉主营的优势产品，且目前摩托罗拉尚未掌握与开发 PDT 相关的产品。可以预见，未来摩托罗拉在中国的市场地位和市场份额将受到很大的挑战。

由此可见，截至摩托罗拉提起本案"337 调查"之前，海能达已经在全球范围内对摩托罗拉的市场地位和市场份额形成了极大的挑战。为了遏制海能达对其市场地位和市场份额的进一步占领，摩托罗拉自 2017 年 3 月开始，陆续在全球多个国家和地区对海能达提起了侵权诉讼，而该案只是这一系列侵权纠纷中的一起。

2. 专利储备

如表 6-4 所示，针对涉案专利中的 869 专利、701 专利和 991 专利，摩托罗拉均在其主要市场国家进行了专利布局，并对涉案专利相关或相似技术进行了保护。

---

❶ 搜狐网 incoPat 专利情报平台.新晋权贵 VS 传统霸主，在美被禁售的海能达踢到铁板了？[EB/OL].〔2018-07-15〕〔2021-03-08〕.https://www.sohu.com/a/239473099_100046295.

❷ 蒋庆生.警用数字集群(PDT)的自主创新之路[J].移动通信,2019,43(03):2-5, 11.

表 6-4 涉案专利 INPADOC 同族专利的数量和地域分布

涉案专利	INPADOC 同族数量 / 件	同族专利地域分布
US8116284	1	美国
US7369869	8	美国、加拿大、墨西哥、英国、中国、日本、澳大利亚
US7729701	4	美国、英国、澳大利亚
US8279991	8	美国、澳大利亚、中国、韩国、俄罗斯、欧洲

869 专利和 991 专利的 INPADOC 同族专利，即扩展同族专利分别有 8 件。869 专利同族专利的地域分布包括美国、加拿大、墨西哥、英国、中国、日本和澳大利亚；991 专利同族专利的地域分布包括美国、澳大利亚、中国、韩国、俄罗斯和欧洲。

701 专利的 INPADOC 同族专利有 4 件，同族专利的地域分布包括美国、英国和澳大利亚。并且，结合前述对摩托罗拉的专利申请情况的分析可知，摩托罗拉在全球主要市场国家均有丰富的专利储备。其中，摩托罗拉在美国的专利申请数量较多，占比为 30%。

由此可知，摩托罗拉在通过利用知识产权武器维护自身的市场地位方面具有很大的优势和底气，特别是在美国。这应该也是其率先在美国针对海能达提起专利侵权诉讼和"337 调查"的原因之一。

3. 关注争辩焦点

对初裁结果、复审内容及终裁结果进行分析发现，申请人摩托罗拉与被申请人海能达最主要的争辩焦点在于海能达重新设计的产品（redesigned products）是否侵权。

（1）对于海能达重新设计的产品是否侵犯 284 专利权利要求 9 和 13-15。

美国国际贸易委员会初裁决定认为，海能达重新设计的产品的"同等"或"第二最佳"时隙实际上不满足 284 专利的权利要求 9 和 13-15 中关于"默认时隙"限制，因此，不构成字面侵权（literal infringement）。然而，海能达重新设计的产品通过与要求保护的发明基本相同的方式来执行"默认时隙"功能，并获得了与要求保护的发明基本相同的结果，故而海能达重新设计的产品在等同原则（doctrine of equivalents）下侵犯了284专利的权利要求9和13-15。

在复审程序中，美国国际贸易委员会认为初裁决定在确定了海能达重新设计的产品不满足"默认时隙"这一关键限制后，行政法官在发现海能达重新设计的产品仍以相同的方式执行相同功能获得相同的结果的过程中，忽略了"默认时隙"这一限制的重要性。初裁决定中的等同分析实际上是从权利要求中读出这个关键限制，而这种分析方法是法律所禁止的。因为在以往的法院裁定中，如果某要素缺失或不满足，则无法根据法律的等同原则认定侵权；在所有要素规则下，如果被指控的设备不存在至少一项权利要求或其等同物的限制，在等同原则下也不存在侵权行为。284专利的权利要求是要求在可用于任何新通信时选择默认时隙，而不是简单地选择作为备用时隙，而在该需要选择和使用"默认时隙"的情况下，海能达重新设计的产品不能以基本相同的方式执行基本相同的功能。因此，美国国际贸易委员会终裁认定海能达重新设计的产品没有在等同原则下侵犯284专利的权利要求9和13-15。

（2）对于海能达重新设计的产品是否侵犯991专利、701专利或869专利的相关权利要求。

摩托罗拉未针对海能达重新设计的产品是否侵犯991专利、701专利或869专利的相关权利要求提出指控，但海能达主动请求美国国际贸易委员会对其重新设计的产品是否侵权做出裁决。

美国国际贸易委员会的救济令通常针对的是已经发现被侵犯的专利权利要求所涵盖的所有产品，而不是限制于那些发现侵权的特定的产品。因此，美国国际贸易委员会允许和鼓励在某些情况下，被申请人提出对产品（通常是重新设计的产品）进行侵权裁决，即使申请人未明确对这些产品提出指控。但是，这些产品应当是基本成型的。

摩托罗拉在听证后提出，海能达没有提供足够的证据证明海能达重新设计的产品已经足够固定（sufficiently fixed），即其重新设计的产品已经成型，质疑 USITC 是否对海能达重新设计的产品具有裁决权。

在初裁决定中，行政法官认定：

第一，海能达与 284 专利相关的重新设计的产品已充分固定，并且可以使摩托罗拉对这些产品有足够的条件发现以评估其结构和操作及制定侵权理论；

第二，没有发现充分的在案证据足以对重新设计的产品是否侵犯 701 专利做出结论性决定，未确定海能达重新设计的产品是否侵犯了 701 专利，也缺乏就 869 专利或 991 专利在此问题上的明确认定。

在复审程序中，对于第一点，美国国际贸易委员会决定不对这一点进行审查；而对于第二点，美国国际贸易委员会要求各方就海能达涉嫌侵犯 701 专利、991 专利和 869 专利的有争议的重新设计产品的身份进行了确认。各方意见达成一致，涉嫌侵犯 701 专利、991 专利和 869 专利的重新设计产品与涉嫌侵犯 284 专利的重新设计产品相同，且海能达针对 701 专利、869 专利和 991 专利的非侵权论点出具的发现文件（包括源代码、公司证人证词和专家报告），以及听证会上的证明证据与针对 284 专利提供的是一样的。然后，根据双方的意见书，USITC 对以下两个主要问题进行了审查：

一是海能达是否产生了足以使摩托罗拉了解重新设计的与 701 专利、869 专利和 991 专利相关的产品的特征信息；

二是摩托罗拉是否由于无法承担举证侵权的责任而决定不对这三项专利主张重新设计的产品构成侵权。

关于上述两个问题，美国国际贸易委员会均做出了肯定的回答。因此，美国国际贸易委员会在终裁中认定，海能达重新设计的产品没有侵犯 991 专利、869 专利或 701 专利。

4. 利用程序优势

在立案调查通知中，摩托罗拉最初主张海能达侵犯了其 7 件专利共计 99 项权利要求，然后在后续的调查过程中，陆续撤回了针对 169 专利、111 专利和 972 专利的这三件专利和对 991 专利、869 专利、701 专利和 284 专利部分权利要求的指控，最后仍主张侵权的专利及权利要求仅为：284专利的权利要求9和13-15；869专利的权利要求1、6、17和21；701专利的权利要求1和11，以及991专利的权利要求7和8。摩托罗拉在立案调查之初提出的比较大的侵权指控范围，极大地增加了海能达答辩和证据收集的难度和工作量。

在调查过程中，摩托罗拉针对海能达的答辩情况向美国国际贸易委员会提出了两项限制动议，而最终行政法官也部分同意了有关动议，签发了Order No.38和Order No.47，同意其提出的关于排除对海能达许可抗辩的考虑（Order No.38）和部分同意摩托罗拉提出的关于忽视海能达在证据听证会上的部分专家证词的动议的命令（Order No.47）。随着Order No.38和Order No.47的发布，可以看出，摩托罗拉在局面上更占优势，这给海能达造成了一定的压力。

5. 诉讼目的

摩托罗拉向美国国际贸易委员会提起该案"337调查"，直接目的在于保护自身的专利技术，禁止出于侵犯专利权的不正当贸易，但其最终目的还是保住其在美国的市场份额，遏制海能达的发展。如前面关于申诉时机部分的内容所述，海能达技术实力和品牌影响力的快速提升，以及随着具有中国自主知识产权的数字通信标准PDT的制定和相关技术的发展与完善，海能达在全球范围内均对摩托罗拉的市场份额和行业地位造成了严重的威胁。因此，摩托罗拉迫切需要采取相应的措施，遏制海能达的进一步发展，保住其市场地位和市场份额，而利用其自身强大的技术储备和专利储备作为武器提起侵权诉讼，是最直接而且最有效的方法之一。

（二）被申请人策略分析

1. 积极应诉

在接到美国国际贸易委员会发布的调查通知书后，海能达反应迅速，在30天内便针对调查通知书提交了应诉文件，采取了无效抗辩（Invalidity）、不侵权抗辩（Non-Infringement）、申请人不存在国内产业（Lack of Domestic Industry）、不可实施性（Lack of Domestic Industry）、主动提供相关证据请求USITC对重新设计的产品是否侵权发表看法等策略进行答辩；在收到对自身不利的初裁结果后，及时在规定时限内提交了复审请求，最终争取到了其重新设计的产品不侵权，可以继续对美出口和在美销售的结果，降低了败诉带来的影响。

2. 寻求涉案专利无效抗辩策略

由于未能提供详细的证据对相关的无效答辩点进行解释和分析说明，海能达未能在该案中进行有效的无效答辩，摩托罗拉指控侵权的相关专利和权利要求均被认定是有效的。

在该案外，海能达也就涉案专利向美国专利商标局专利审查上诉委员会（PTAB）提出了双方重审（IPR）申请。同时，海能达也在中国针对摩托罗拉指控侵权的US7369869、US8279991和US8032169（摩托罗拉后面撤回了对该专利的指控）在中国的同族专利CN200580025102.8、CN200980139630.4和CN200880117579.2向中国专利复审委员会提出了无效宣告请求。中国专利复审委员会分别在2018年7月25日、2018年5月7日和2018年6月15日分别对上述3件专利做出了无效宣告请求审查决定：CN200580025102.8权利要求6和7无效，其余权利要求有效；CN200980139630.4所有权利要求维持有效；CN200880117579.2权利要求1技术方案（3）及引用该方案的权利要求2、8、9无效，权利要求13、15无效，维持其余的权利要求有效。❶

3. 采用对抗策略

在摩托罗拉提出限制动议的过程中，海能达也针对摩托罗拉提出了两

---

❶ Bruce. 海能达：扶朕起来，朕"还能打".[EB/OL].（2018-09-10）[2021-05-08].https://www.sohu.com/a/253163736_221481.

项限制动议和 4 项高优先级异议。遗憾的是，大部分被部分驳回或拒绝。

在调查的过程中，海能达主动请求美国国际贸易委员会对其重新设计的产品是否侵权发表意见。在初裁决定中，行政法官认为无法根据现有的在案证据对是否有重新设计的产品侵犯 701 专利做出结论性决定。同时，行政法官也未对重新设计的产品是否涉嫌侵犯 869 专利或 991 专利做出明确认定。

针对该结果，海能达积极提起了复审，最终获得了对自身有利的结果。终裁认为，其重新设计的产品未侵犯摩托罗拉所有指控侵权的专利。

此外，海能达还对第 47 号决定提出了复审请求，遗憾的是，未能取消该命令。

4. 案件外采取一系列反击策略

除了针对本次调查进行积极应对，作为对摩托罗拉在全球各个地区针对海能达提起系列侵权诉讼的反击，海能达也陆续在美国和中国对摩托罗拉提起了专利侵权和反垄断、反不正当竞争诉讼，具体包括以下内容。

2017 年 8 月 28 日，海能达在美国俄亥俄联邦地区法院对摩托罗拉提起专利侵权诉讼，主张摩托罗拉的 Mototrboxpr 7550e 设备采用了其 3 件美国专利的技术，侵犯了这 3 件专利的专利权。

2017 年 11 月 14 日，海能达在北京知识产权法院对摩托罗拉在中国的三家子公司提起反垄断诉讼，请求北京知识产权法院判令摩托罗拉停止滥用市场支配地位的垄断行为，并赔偿相关损失和合理开支共 6050 万元人民币。

2017 年 11 月 30 日和 12 月 1 日，海能达将摩托罗拉系统（中国）有限公司和另外一家广州企业作为共同被申请人，分别向广州知识产权法院提起侵权诉讼，共涉及 2 件专利。

2017 年 12 月 4 日，海能达在美国新泽西联邦地区法院对摩托罗拉提起反垄断和反不正当竞争诉讼，指责摩托罗拉的不正当竞争做法。

（三）案件特点

首先，该案被申请企业仅包括海能达母公司及其在美国的两家子公司，诉讼目的指向明显。申请人摩托罗拉和被申请人海能达分别为在全球专网通信行业市场份额占比排名第一和第二的企业，且该案也仅是申请人摩托罗拉前后在全球多个地区对被申请人海能达提起的系列侵权诉讼案件中的一件。因此，简单来说，该案可以说是专网通信行业领头羊之间为抢夺美国市场而进行的争斗，难有和解的结果。该案的最终结果是摩托罗拉胜诉，美国国际贸易委员会签发了有限排除令和禁止令，但海能达也通过积极应诉将其重新设计的产品被排除在了有限排除令和禁止令的范围之外，挽回了部分损失。

其次，该案的涉案产品包括旧产品和重新设计的产品，主要争辩点在于，海能达重新设计的产品是否侵权。海能达所有的被控旧产品在初裁和终裁中均被认定侵权，而对于海能达重新设计的包括PD5i、PD6i、PD7i和PD9i系列的产品，申请人摩托罗拉仅主张其侵犯了284专利的特定权利要求，未针对991专利、701专利或869专利提出侵权指控，但被申请人海能达主动请求USITC对上述重新设计的产品是否侵犯991专利、701专利或869专利做出裁决。摩托罗拉在听证后提出，海能达没有提供足够的证据证明海能达重新设计的产品已经足够固定（sufficiently fixed），质疑美国国际贸易委员会是否对海能达重新设计的产品具有裁决权。但在复审中，美国国际贸易委员会认为，海能达已提供了足够的记录证据（包括源代码、公司证人证词、专家报告等），证明这些产品已充分固定，进口，并且可以使摩托罗拉对这些产品有足够的发现以评估其结构和操作及制定侵权理论。在最终的裁决中，美国国际贸易委员会认定海能达重新设计的产品未侵犯284专利、991专利、701专利、869专利，海能达重新设计的产品不在救济令范围内。

最后，行政法官对被申请人海能达做出了一个不利的推断。在关于海能达对被指控的284专利、991专利、701专利、869专利间接侵权的认定中，由于摩托罗拉前工程师（现海能达高级职员）根据第五修正案的反对自证其罪的权利，拒绝回答与复制有关的问题，以及结合多项记录证据，行政法官对海能达做出了一个不利的推断，即海能达故意将摩托罗拉的专利技术复制到了被申请人产品中。

（四）案件结果的原因分析

1. 申请人胜诉原因分析

对于申请人摩托罗拉，其胜诉的原因主要包括以下三方面内容。

一是自身技术实力过硬，专利储备充足。摩托罗拉是专网通信行业的传统霸主，其研究开发和销售双向无线电设备和系统已有近百年的历史，在一定程度上可以说是专网通信领域技术的领导者，特别是在 DMR 和 TETRA 技术上。在长期的发展中，摩托罗拉也始终致力于持续不断地对其技术进行创新，并通过申请专利的方式对其技术进行保护，技术储备和专利储备充足。

二是具有充足的准备时间。作为"337 调查"的发起者，摩托罗拉有充足的时间准备大量的、有说服力的相关证据材料，以证明被申请人海能达的产品侵犯了其相关的专利权。

三是同时提起多起诉讼，迫使被申请人多方应诉。摩托罗拉在提出该案的前后在美国伊利诺伊北区联邦地区法院、德国杜塞尔多夫地区法院、德国曼海姆地区法院、澳大利亚联邦法院等全球多个国家和地区对海能达提起侵权诉讼，迫使海能达多战线应诉，显著提高了海能达应诉的能力门槛和增加了应诉成本。

在上述因素和策略的综合作用下，摩托罗拉在该案中取得了胜诉，除由于自身的美国国内产品未使用 284 专利、不满足"美国国内存在相关技术产业"的法律要求而被认定未侵犯 284 专利外，其他的相关诉求基本被认可，美国国际贸易委员会最终签发了有限排除令和禁止令。

除该案外，在与海能达在其他诉讼案件的对决和较量中，摩托罗拉也取得了节节胜利，多起诉讼案件的一审均取得了胜诉。例如，2018 年 7 月 17 日，德国曼海姆地区法院做出一审判决，认为海能达德国子公司在德国销售的部分对讲机产品侵犯了摩托罗拉的 1 项德国专利；2018 年 11 月 20 日，德国杜塞尔多夫地区中级人民法院做出一审判决，认为海能达及其德国子公司在德国销售的部分对讲机产品侵犯了摩托罗拉的1项德国专利。在经过系列的侵权纠纷案件后,摩托罗拉在全球的市场地位有了进一步的提升,年营业收入增长率从2017年的5.66%提升到了2018年的15.09%;而作为败诉方,海能达的发展则受到了严重的打击与阻碍,2018年的营业收入增长率与2017年相比,由55.77%下降到了29.58%,2019年更是下降到13.11%,呈直线下降之势。❶

2. 被申请人败诉原因分析

海能达败诉的原因主要包含两方面。

一方面,多战线应诉且应诉时间紧迫,造成准备不充分。由于涉案产品和需要提供的证据资料很多,而"337调查"进程快、时间紧,且同一时期海能达要针对摩托罗拉在全球各地发起的多起侵权诉讼进行应诉,难免兼顾不过来,准备不充分。在针对284专利、869专利、701专利和991专利的不侵权抗辩和无效抗辩中,虽然海能达对每项权利要求的技术特征均进行了详细的技术比对,提出了许多相关的争议点,但针对其提出的大部分有关争议的论点,不能对应提供详细的记录证据进行解释和分析说明,最后被认定论点不完整、说服力不足或者没有记录证据支持。例如,海能达的听证前摘要和某些专家报告中部分有关不侵权和无效的论证是结论性的,几乎没有提供解释或进行分析,也未引用书面或证明证据。

另一方面,海能达败诉主要归因于"技不如人"。从前面对摩托罗拉和海能达的专利申请、专利类型和布局情况分析可知,摩托罗拉的专利申请量远高于海能达的,有效专利的数量为海能达有效专利数量的约4.5倍,且摩托罗拉的专利类型以发明专利为主,发明专利的占比达94.27%,说明摩托罗拉的专利储备、技术储备和技术实力目前远高于海能达。而专网通信领域是一个技术密度高、专利壁垒厚的技术领域,在技不如人的情况下,海能达的败诉也是意料之中的事。

在专网通信领域,加强自主研发不仅是企业实现跨越式发展的关键步

---

❶ 数据来源:摩托罗拉与海能达年报.

骤之一，也是企业之间实现差异化竞争的重要手段。只有加强自主研发，不断进行技术创新和技术的更新换代，积极参与技术标准的制定，不断壮大企业的技术实力，才能使企业免于频繁陷入侵权纠纷，避免企业在发展的路上受阻或受限，同时，也有利于企业在市场地位和市场份额的竞争中获得更多的技术话语权，化被动为主动，取得最终的胜利。

（五）案例启示

虽然该案以海能达败诉、美国国际贸易委员会签发有限排除令和禁止令而告终，但是，在针对重新设计的产品是否侵犯284专利、869专利、701专利和991专利的答辩中，海能达针对上述专利的不侵权论点出具了详细的发现文件，包括与重新设计的产品相关的文档和源代码、公司证人证词和专家报告等，充分论证了这些重新设计的产品不侵权，且已经充分固定（sufficiently fixed）、已经提交FCC批准、已经出口到美国以及能够在发现期间被受访者发现，最后争取到了终裁认定重新设计的产品不侵犯所有被控专利的有利结果，重新设计的产品可以继续向美国出口和销售，降低了败诉对企业自身发展和美国市场地位和份额的影响。美国国际贸易委员会认定海能达新设计的i系列DMR产品不侵犯摩托罗拉所有的被控专利，不在有限排除令和禁止令的范围内，可以继续向美国出口和在美销售。

从该案的结果分析，该案给出的最重要的启示：

一方面，在面对"337调查"时，企业只有应诉，才有可能寻求最小的市场损失；

另一方面，美国不限制经合理规避设计后的产品进入美国市场。所以，如果企业已有未被纳入被控产品范围的新产品，在调查过程中，在行政法官做出初裁决定和美国国际贸易委员会做出最终裁决前，可以主动请求其对新产品是否侵权发表意见，将新产品提交行政法官和美国国际贸易委员会审阅，并将相关的新产品资料纳入证据开示资料中，以使新产品被排除在救济令的范围之外，保护企业在美国的市场，减少损失。或者，如果企业事先未对被控产品进行更新换代,而在应诉过程中,发现产品被判侵权的可能性较大,那么,较优的做法是尽快开展规避设计的工作,并在美国国际贸易委员会发布救济令之前,将规避设计后的产品提交其审阅,以将规避设计的产品在救济令的范围内排除。但要注意,提交审阅的产品应当是已基本成型的产品。❶

当然,企业最重要的还是要积极进行技术创新,以及尽早对产品做好规避设计,及时对产品进行更新换代,以避免被诉侵权。

第四节　337-TA-1029 案件分析

一、案情介绍

2016 年 10 月 14 日,高通根据美国《1930 年关税法》第 337 节规定向美国国际贸易委员会提出申请,主张对美出口、在美进口及销售的特定移动电子设备(Mobile Electronic Devices)侵犯了其专利权。

桌子科技、LGYD 电子、美国 Overseas Electronics 公司、魅族(Zhuhai Meizu Technology Co., Ltd.)、珠海市魅族通讯设备有限公司为列名被申请人。

(一)申请人基本情况

1. 申请人

高通是美国一家著名的无线电通信技术研发公司,成立于 1985 年 7 月,总部位于美国加利福尼亚州圣迭戈市。

高通的商业模式主要由处理器的销售和技术专利许可两大部分构成,目前已成为全球最大的无线通信芯片制造商和最大的专利许可收费公司。美国科技市场调研机构研究报告指出,2020 年,高通全球智能手机芯片出货

---

❶　冉瑞雪."337 调查"突围——写给中国企业的应诉指南 [M]. 北京:知识产权出版社,2015:100-101.

量占比31%，排名全球第一。❶ 在2019年全球蜂窝基带处理器市场的收入份额中，高通的占比为41%，位居全球排名榜首。❷ 预计到2024年，高通将占据全球蜂窝物联网芯片组市场的近一半。❸

高通非常重视技术创新和知识产权保护，积累了数量十分可观的蜂窝技术标准必要专利（standards-essential patents），包括大量涉及CDMA（包括CDMA IS-95和CDMA2000）、GSM、WCDMA、TD-SCDMA和LTE等无线通信技术标准的必要专利。其中，CDMA的标准必要专利有70%以上在高通的手中。这便使一部智能手机即便没有采用高通的芯片，也一定会用到高通的蜂窝标准必要专利技术。

据不完全统计，截至2020年12月31日，高通及其关联公司所拥有的已公开或公告的专利申请总量约25.10万件，且自2000年以来，其每年的专利申请量均维持在较高水平，尤其是在2006—2018年，每年的专利申请量均超过1万件（图6-22）。其中，已授权且维持有效状态的专利占比30.25%，达到7.59万件（图6-23）。

高通在美国、中国、印度、日本、韩国等全球80多个国家或地区进行了专利申请，其中以美国、世界知识产权组织、中国、欧洲专利局、韩国的专利申请数量最多，占比分别为：美国18.08%、世界知识产权组织12.67%、欧洲专利局9.30%、中国15.83%、日本8.53%（图6-24）。

2. 被申请人

该案的涉案产品是由魅族制造或以其名义制造的对美出口、在美进口及销售的特定移动电子设备，其他4家涉案被申请人为魅族子公司或经销商。因此，本报告选取魅族作为涉案企业代表进行分析。

---

❶ Strategy Analytics.2020年全球智能手机应用处理器市场规模达到250亿美元 同比增长25%.[EB/OL].〈2021-03-22〉〔2021-05-08〕.http://www.199it.com/archives/1220267.html.

❷ 新浪财经头条.2020，高通四面楚歌.[EB/OL].〈2020-06-30〉〔2021-05-08〕.https://t.cj.sina.com.cn/articles/view/2286037382/8842298602000tg8h?from=tech.

❸ Soumen Mandal.Global Cellular IoT Module Shipments to Cross 780 Mn Units in 2024.[EB/OL].〈2021-02-10〉〔2021-04-27〕.https://www.counterpointresearch.com/global-cellular-iot-module-shipments-2024/.

第六章 139
广东省通信设备制造业应对美国知识产权贸易调查案例

图 6-22 高通专利申请量年度变化趋势

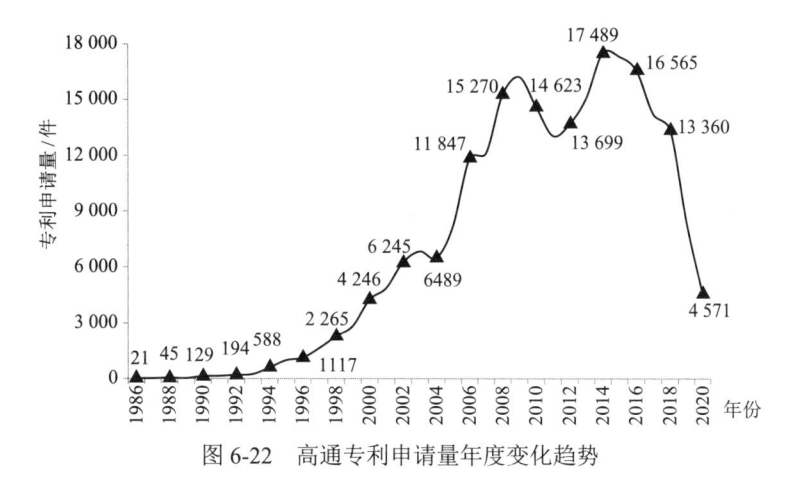

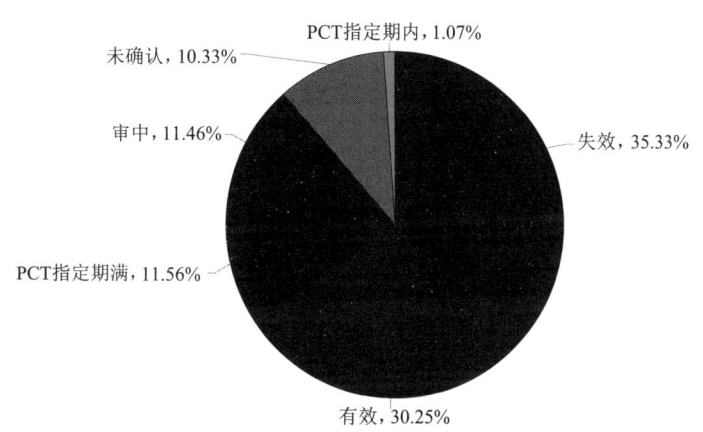

图 6-23 高通专利的法律状态分布

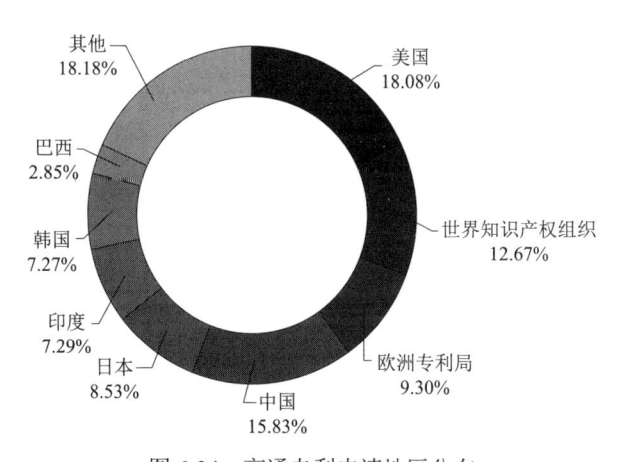

图 6-24 高通专利申请地区分布

魅族创立于 2003 年，最早以研发和提供优质的 MP3 产品扬名，于 2007 年转向互联网智能手机的研发，是国内第一家进军智能手机行业的品牌。其研发的魅族 M8 手机是国产第一部智能手机，后续也推出过多款经典机型，其 Flyme 操作系统是国产操作系统中数一数二的手机操作系统之一。

相比于其他智能手机制造企业，魅族更执着于技术研发，曾经有过很多优秀的设计，产品风靡一时，但也因为其只注重系统和产品的研发而不注重营销，且手机的创新力度有限，随着市场的洗牌，魅族的发展逐渐陷入了瓶颈期。近年来，魅族在智能手机市场的市场份额和影响力不断下降。目前，魅族的市场份额已跌至 1% 以内，在 IDC（国际数据公司，International Data Corporation）发布的 2020 年全球智能手机市场季度跟踪报告中，魅族已被归为其他品牌，其 2020 年总体市场份额不足华为的十分之一。❶

据不完全统计，截至 2020 年 12 月 31 日，魅族及其关联公司拥有的专利申请总量约为 3900 多件，2015—2017 年为其申请专利的高峰期（图 6-25），已授权且处于维持状态的有效专利占比为 36.08%，有 1400 余件（图 6-26）。

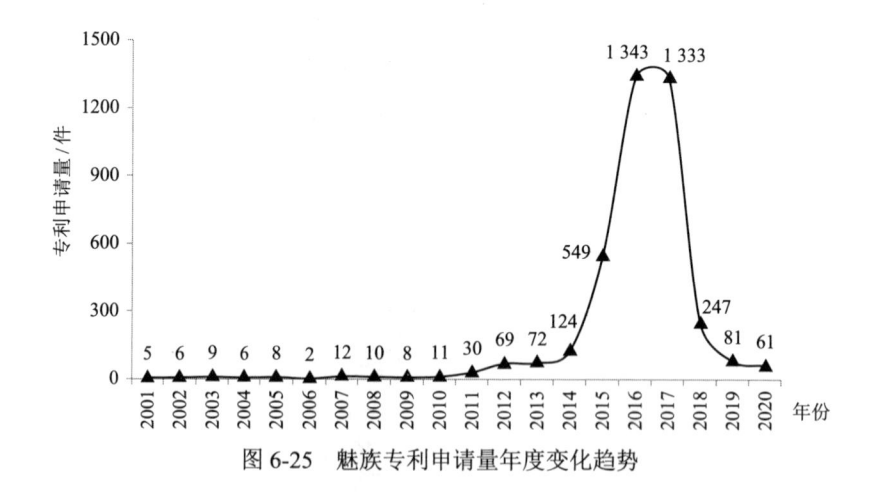

图 6-25　魅族专利申请量年度变化趋势

---

❶ 中国情报网.2020 年中国智能手机出货量排行榜.[EB/OL].（2021-02-02）〔2021-03-08〕.https://top.askci.com/news/20210202/1452341349316.shtml.

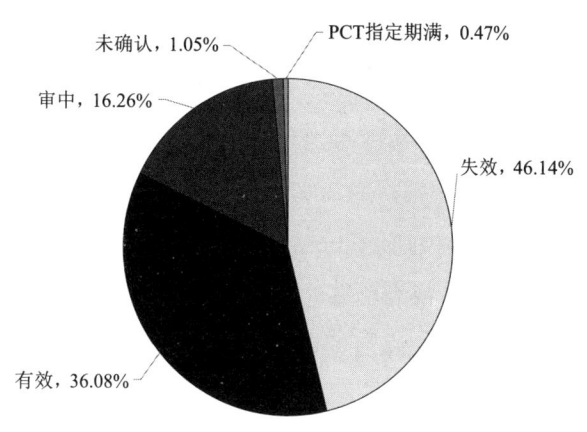

图 6-26 魅族专利的法律状态分布

虽然魅族已经在全球 24 个国家或地区进行了专利申请（图 6-27），但其专利申请仍然主要分布在中国，中国的专利申请数量占比为 96.31%。

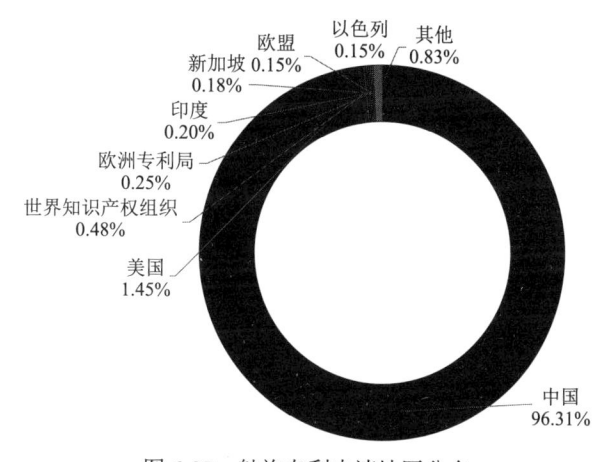

图 6-27 魅族专利申请地区分布

（二）提出申请

1. 涉案专利技术介绍

该案技术涉及移动电子设备，移动电子设备（如智能手机）通常包括许多不同的硬件和软件组件，如集成电路、照相机、RF 发送器、电容器和

SoC，它将计算机或其他电子处理器的许多组件集成到单个芯片中。

涉案专利包括以下5件。

（1）US8095082，专利名称为"双频段射频发射机"（Dual Band Radio Frequency Transmitter），申请日为2007年10月10日，授权日为2012年1月10日。该专利描述了一种包括变压器和变压器调谐电路的发射机。变压器将差分射频（RF）信号转换为单端RF信号。变压器调谐电路调谐变压器以允许发射机在第一频带（如蜂窝频带）或第二频带（如PCS频带）中发送单端RF信号。

（2）US7999384，专利名称为"用于高性能IC的顶层金属"（Op Layers of Metal for High Performance IC's），申请日为2007年7月27日，授权日为2011年8月16日。该专利描述了一种将包含在半导体晶片内的集成电路紧密互连到围绕半导体晶片的电路的方法。通过有效地使用聚酰亚胺或聚合物作为金属间电介质，将电互连保持在最小长度，从而能够以最小的电路性能成本在非常小的电路环境中集成非常小的集成电路。

（3）US7548407，专利名称为"电容器结构"（Capacitor Structure），申请日为2006年4月13日，授权日为2009年6月16日。该专利描述了一种集成电路电容器结构，包括第一壁，其用作多个电容器中的每个电容器的第一端子。电容器结构还包括多个第二壁，每个第二壁作用于多个电容器中的不同电容器的第二端子。第一壁和第二壁彼此平行。

（4）US8497928，专利名称为"自动对焦数码相机的技巧"（Techniques to Automatically Focus a Digital Camera），申请日为2007年7月31日，授权日为2013年7月30日。该专利描述了一种自动聚焦数码相机的技术。移动电子设备包括具有镜头组件和镜头位置组件的数码相机。显示器可以耦合到数字相机以再现具有第一焦点的图像。数码相机还可包括焦点选择模块，其耦合到显示器以选择图像的第二焦点；焦点控制模块，其耦合到焦点选择模块和镜头位置组件，以将焦点控制信号提供到镜头位置用于将镜头组件聚焦在第二焦点上的组件。

（5）US7949367，专利名称为"基带信号输入电流分配器"（Baseband

Signal Input Current Splitter），申请日为 2009 年 11 月 14 日，授权日为 2011 年 5 月 24 日。该专利描述了在无线电发射器（如多频带无线电发射器）中提供电流导引机构，以提供与各种基带部分的兼容性。输入信号电流的不同比例被引导至伪负载，用于第一频带的混频器和用于第二频带的至少一个其他混频器。该机构被构造成在具有相应负载电路的相同极性的多个路径之间选择性地分配电流输入信号，并且同时将不同比例的电流输入信号引导到虚拟负载路径和至少一个混频器路径。

涉案专利中指控的权利要求如表 6-5 所示。

表 6-5　337-TA-1029 案涉案权利要求

涉案专利	涉案权利要求
US8095082	1-4、7、8、11
US7999384	44、45、50、53
US7548407	1-10、11-13
US8497928	1、2、4、6
US7949367	6、7

被控产品是魅族的移动电子设备，以智能手机为主，具体型号有 Meizu m1 note、m1 metal、m2、m2 note、M3S、MX4、MX5、MX6、m3 note 及 PRO 6。

2. 具体救济请求

申请人要求对被申请人发布排除令和禁止令。

（三）立案调查

2016 年 11 月 15 日，美国国际贸易委员会决定立案并指定行政法官，案号 337-TA-1029。

（四）应诉

2016 年 12 月 8 日，魅族聘请了 T. Spence Chubb 律师事务所应诉。

桌子科技及 LGYD 电子均未应诉。

（五）调查过程

2016 年 12 月 12 日，魅族提交了一份针对立案申请书的答复。

2016 年 12 月 30 日，申请人高通、被申请人魅族及其关联公司和 Overseas Electronics 公司提出了一个联合动议，基于高通和魅族原则上达成和解协议，请求暂定调查程序。

2017 年 1 月 27 日，申请人高通及被申请人魅族及其关联公司和美国 Overseas Electronics 公司提出了一个联合动议，根据和解协议终止针对魅族的本次调查，并基于撤回对美国 Overseas Electronics 公司、桌子科技和 LGYD 电子的投诉而终止本次调查。高通公司和魅族受访者已根据一份保密的和解协议及与之相关的保密的许可协议解决了本调查中所有争议。动议申请方还请求行政法官终止对美国 Overseas Electronics 公司、桌子科技和 LGYD 电子的调查。本调查中的被控产品是由魅族制造或以魅族的名义制造的某些移动电子设备。美国 Overseas Electronics 公司、桌子科技和 LGYD 电子被指控对这些魅族移动电子设备进行进口和销售。因此，高通与魅族之间的和解协议及许可协议也解决了高通与美国 Overseas Electronics 公司、桌子科技和 LGYD 电子的纠纷。

（六）初裁

2017 年 2 月 13 日，行政法官做出初裁决定，同意 2017 年 1 月 27 日，申请人高通及被申请人魅族和美国 Overseas Electronics 公司提出的联合动议，即同意根据和解协议终止针对被申请人魅族的调查，并基于撤回投诉，终止针对其他三个被申请人美国 Overseas Electronics 公司、桌子科技和 LGYD 电子的调查。

（七）终裁

2017年3月15日，美国国际贸易委员会决定不复审行政法官的上述初裁决定，案件结束。

二、案例点评

（一）申请人策略分析

1. 申诉时机

高通选择在2016年这一时间节点发起"337调查"，主要有以下三点考虑。

一是在中国市场遭遇反垄断调查，处于暂时失利地位。2015年，中国国家发展和改革委员会（以下简称"国家发改委"）对高通滥用市场支配地位实施排除、限制竞争的垄断行为做出了责令整改并给予罚款的处罚决定，并规定高通必须就中国区专利许可做出区别于全球专利许可的特殊处理。高通认罚60.88亿元人民币，并配合国家发改委进行了相关整改。高通在中国的市场地位处于暂时失利状态。

二是高通与魅族迟迟未达成专利许可协议。高通在反垄断整改期间，重新与中国区智能终端厂商谈判缔约中国专利许可协议（China Patent License Agreement，以下简称"CPLA"）。截至高通提起该案（即2016年11月），国内超过110家规模大小不同的手机厂商、零部件厂商、模块厂商等均与高通签署了CPLA。但在与魅族的专利许可谈判中，始终无法达成一致。从2009年起，高通便与魅族在专利的问题上保持沟通，而在CPLA出来后长达一年多的时间内，高通向魅族发起多轮交涉，双方始终无法达成共识，魅族拒绝向高通支付专利费用。

三是魅族迅速崛起损害了高通的经济利益。IDC数据显示，魅族作为当时中国第八大手机制造商，得到了阿里巴巴的投资，2015年出货量为

2482万台，年出货量从百万级跨入了千万级别。❶ 在此情况下，如果继续放任魅族在未获得许可的情况下使用高通的专利技术，对高通而言无疑是一笔巨大的合法收入损失。

因此，在与魅族的沟通无法达成一致的情况下，为制止魅族的侵权行为，维护自身合法权利，自2016年6月至2016年10月15日，高通陆续在北京知识产权法院、上海知识产权法院、德国慕尼黑地方法院等起诉魅族侵犯了其涉及3G（WCDMA和CDMA2000）及4G LTE无线通信标准的相关专利，并在法国发起了针对魅族侵权产品的扣押程序，以便为未来在法国发起的侵权诉讼获取证据。此外，高通还于同年10月14日向美国国际贸易委员会提出了"337调查"申请。

2. 申诉目的

高通短时间内在全球多个国家和地区对魅族提起包括该案在内的多起侵权诉讼和调查申请，迫使魅族多战线应战，给魅族造成了极大的压力，为达到其促成专利许可谈判、与魅族签订专利许可协议并收取专利许可费用的诉讼目的提供了重要帮助。

3. 专利储备

如表6-6所示，涉案专利具有一定数量的同族专利，但除了US7999384专利外，其余四个专利的同族专利数量较少，对于相似技术的保护并未十分全面，未形成专利池效应。US7999384专利的名称为"用于高性能IC的顶层金属"，涉及集成电路中的材料改进，在技术上涉及较为基础的技术层面，从同族专利数可以看出该专利技术对于高通十分重要，是重点保护的对象。

表6-6 337-TA-1029案涉案专利的同族专利统计

涉案专利	简单同族	INPADOC同族
US8095082	9	9

---

❶ 快科技.魅族为何会被高通索赔5.2亿？这才是真相！[EB/OL].（2016-06-28）[2020-05-08].http://news.mydrivers.com/1/488/488790.html.

续表

涉案专利	简单同族	INPADOC 同族
US7999384	67	230
US7548407	8	8
US8497928	21	21
US7949367	9	9

（二）被申请人策略分析

魅族在遭遇"337 调查"时，虽积极应诉，但主要采取和解策略。究其原因，主要包括以下三个方面。

首先，魅族确实侵犯了高通的 3G 与 4G 无线通信技术相关的标准必要专利。

虽然在处理器上，魅族主要依靠三星和联发科，是国内少有的不依赖高通公司芯片而发展起来的手机制造商，但由于高通掌握了大量关于网络通信的标准必要专利，特别是 3G（WCDMA 与 CDMA2000）及 4G（LTE）无线通信标准的相关专利，所以，在网络通信方面，魅族始终无法绕过高通的专利，其涉案产品确实使用了高通的相关专利。因此，该案"337 调查"中，不管魅族怎么努力，也难以通过积极应诉取得美国国际贸易委员会认定不侵权的结果。

其次，国内大部分手机制造商均陆续与高通签订了 CPLA，魅族陷入"孤立无援"的状态。

高通调整后的 CPLA 的内容：在技术专利授权上，高通对 3G 设备（包括 3G/4G 多模设备）的整机零售价格收取 5% 的许可费；对包括 3 模 LTE-TDD 在内的 4G 设备，如不实施 CDMA 或 WCDMA，则收取整机零售价格的 3.5%，并在此基础上按照 65% 收取许可费。

虽然调整后，高通对 3G 和 4G 必要标准专利收取的专利许可费用仍然偏高，并且可能仍然远远超出了其对无线通信做出的技术贡献和应得的合理利润，但该专利许可协议是高通在国内被国家发改委认定构成垄断行为，并处以超高额罚款和提交相应的整改措施后形成的。通过专利许可谈判，国内110多家规模大小不一的手机制造厂商均陆续认可并与高通签订了CPLA，仅剩魅族一家以一己之力对抗强大的高通。魅族陷入"孤立无援"的状态，并同时深陷多起高通提起的专利侵权诉讼。

最后，魅族专利储备十分薄弱，在与高通的博弈中处于劣势地位。截至2016年10月14日，魅族公开的专利申请总量仅有1121件，比起高通所拥有的专利申请数量几乎不值一提，且魅族缺乏标准必要专利。因此，在与高通的博弈中，魅族没有足够的可以掌握谈判主动权的资本，最终结果只能是和解或败诉。

综上所述，魅族最终与高通握手言和，达成和解协议，实际上是大势所趋。显然，此次"337调查"是高通为促成其与魅族双方专利许可费商务谈判所采用的手段和拥有的筹码之一。

（三）案件启示

高通通过采取在全球多个国家的地区法院提起侵权诉讼和向美国国际贸易委员会提起该案"337调查"的方法，迫使前期怠于应付与其进行专利许可谈判的魅族不得不重视起来，在短时内达成了与魅族签订专利许可协议并收取专利许可费用的目的。这启发我们，在进行与专利有关的商务谈判迟迟不能达成一致意见或对方怠于应付时，专利权人方企业可以通过司法手段，如提起侵权诉讼的方式给予对方一定的压力来促进商务谈判的高效进行。

该案以魅族与高通达成和解协议，且因和解协议范围覆盖该案所有的被申请人而终止调查。"和解"背后可能有让步，但是也可能成为双方合作的开端。在与高通握手言和后，魅族也逐渐不再仅局限于使用三星和联发科的处理器。2020年5月，魅族发布了首款搭载高通骁龙865芯片的手机——魅族17Pro，魅族17Pro首销售罄且好评率达99.99%，广受消费者好评。❶

---

❶ 新浪财经头条.好评率99.99%，魅族17Pro又赢了，唯一缺点就是不太像魅族了.[EB/OL].（2020-06-13）〔2021-04-11〕.https://t.cj.sina.com.cn/articles/view/6899133404/19b386bdc00100tg39?from=digit.

可见，在商业中没有永远的敌人，只有永远的利益。魅族和高通选择和解，这是一个对双方都有利的局面。

可以说，与不应诉后企业完全失去巨大市场相比，积极应对"337调查"的态度是广东通信设备制造行业企业迈向成功的第一步。

第七章

广东省打印耗材行业应对美国"337调查"案例

第一节　广东省打印耗材行业遭遇美国"337调查"情况

打印耗材是指打印机（复印机）使用过程中所必要的消耗性产品，主要包括硒鼓及其组件、墨盒及其组件、碳粉、墨粉、墨水、色带、芯片、成像辊（包括充电辊、送粉辊、带电显影辊、显影磁辊、转印辊等）、定影辊（包括热辊、压力辊、定影膜等）、各类刮板及各种介质（复印纸、热敏纸、硫酸纸等）等。打印耗材分为原装耗材与兼容耗材两种。原装耗材是指打印机生产厂商生产的专用耗材。兼容耗材，又称通用耗材，是指兼容厂商生产的可在原装厂商生产的打印机上兼容使用的耗材。

打印耗材行业是一个全球垄断性行业，也是一个技术专利受到高度保护的行业。目前，打印原装耗材市场主要由惠普、爱普生、佳能、兄弟、三星等国际知名的打印机生产厂家把控。从全球打印耗材相关专利的申请量看，打印耗材的专利主要集中在碳粉盒和墨盒两大领域。其中，日本碳粉盒和墨盒的相关专利申请量分别占全球碳粉盒和墨盒相关专利申请量的82.00%和61.00%，占据绝对优势；美国分别占7.70%和11.20%；中国分别占2.20%和14.90%；韩国分别占3.00%和2.90%。可见，全球打印耗材的专利技术高度集中在日本，其次为美国。

广东省是全球通用打印耗材主要生产基地，具备完善的产业链，1.5小时物流圈可采购完备全部通用耗材的原材料、零部件、成品等，并形成了以珠海赛纳打印科技股份有限公司（以下简称"赛纳科技"）、天威飞马打印耗材有限公司（以下简称"天威飞马"）等龙头企业为代表，集合了 680 余家成品、原材料、零部件、设备制造、销售、服务等打印耗材相关的中下游企业的耗材产业集群。其中，珠海市是全球打印耗材产业规模最大、产业链最为完整的区域之一，业界广为流传着"全球通用打印耗材的生产 80% 在中国，中国通用打印耗材的生产 80% 在珠海"的说法。据统计，珠海打印耗材产业供应了全球近 90% 的色带、70% 的兼容墨盒和 40% 左右的硒鼓❶，产品远销 100 多个国家和地区；申请专利量占全国通用耗材行业申请专利总量的 80%。珠海被誉为"世界打印耗材之都"。

2006～2020 年，广东省打印耗材行业遭遇美国"337 调查"14 起，案由均为专利侵权，涉案产品包括墨盒及其组件、碳粉盒及其组件等。以上案件主要表现出如下特点。

一、案件在 2010 年达到峰值后趋于减少

2006 年 2 月 17 日，爱普生公司向美国国际贸易委员会提交调查申请并在俄勒冈州地区法院提起诉讼，指控包括广东省纳思达股份有限公司（以下简称"纳思达"）、珠海格力磁电有限公司（以下简称"格力磁电"）在内的中国、美国、德国、韩国共 24 家公司向美国进口和/或在美国销售的墨盒，侵犯其在美国的 11 项发明专利权，由此掀开了广东省打印耗材企业涉"337 调查"的序幕。2010 年，广东省打印耗材企业涉"337 调查"案件最多，共发生 5 起，之后逐渐减少。2014 年以来，广东省打印耗材企业涉"337 调查"案件仅 4 起，2014 年、2015 年和 2018 年、2019 年各 1 起（图 7-1）。

二、纠纷的发起人均为国际原装厂商巨头

"337 调查"的申请人包括精工爱普生集团（以下简称"爱普生"）、佳

---

❶ 赵顺明，刘琳，等. 高质量发展视域下珠海传统产业转型升级的路径分析——以打印耗材产业为例[J]. 中共珠海市委党校珠海市行政学院学报，2019(5).

能株式会社（以下简称"佳能"）、惠普公司（以下简称"惠普"）、利盟国际有限公司（以下简称"利盟"）、和兄弟集团等公司，其中又以惠普、佳能和爱普生发起的纠纷最为频繁，分别为5起、4起和2起，这与爱普生、佳能和惠普三家公司的墨盒组件全球专利申请量分别排第一、第二和第五，在全球市场占据绝对优势不无关系。

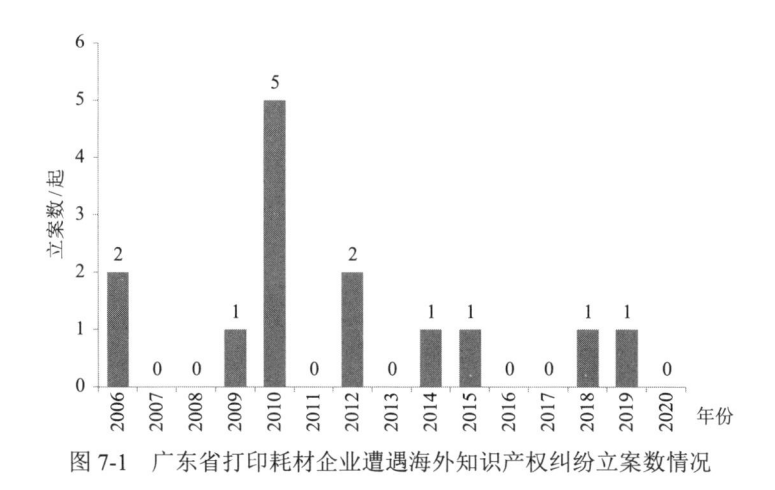

图7-1　广东省打印耗材企业遭遇海外知识产权纠纷立案数情况

三、广东省涉案企业主要集中在珠海

在14起调查中，涉案粤企共21家（不重复计算多次被诉的企业及其关联企业）。其中，涉案数量最多的为纳思达及其关联企业，共涉案10起；其次为珠海傲威科技有限公司4起；广州麦普数码科技有限公司、天威飞马各3起，涉案数量2起的企业包括：格力磁电、深圳普林美亚电子有限公司、珠海泰达电子科技有限公司、珠海富腾打印耗材有限公司和中山研拓打印机设备有限公司等。分地区看，珠海市企业涉案数量最多，达11起，远超排名第二、第三的中山市（4起）和深圳市（3起）（图7-2）。

四、"337调查"中积极应诉企业大多取得有利结果

截至2020年12月31日，广东省涉案的14起"337调查"案件已全部

结案,共涉及广东省 56 家企业(按案件涉及企业数计算,不同案件涉及同一家企业的重复计算,下同)。其中,选择积极应诉的企业 26 家,占全省涉案企业总数的 46.43%;缺席企业 30 家,占全省涉案企业总数的 53.57%。在这些案件中,12 起案件均有企业积极应诉。其中,6 起案件的应诉企业与申请人达成和解或同意令;3 起案件的申请人撤诉或停止调查;1 起案件美国国际贸易委员会直接做出"不存在侵犯知识产权的行为并终止案件调查"的裁决;仅有 2 起案件涉案企业积极应诉仍被美国国际贸易委员会颁发普遍排除令,占比不足两成(图 7-3)。而选择缺席的企业无一例外地被发布普遍排除令或有限排除令,涉案产品均被禁止进入美国市场。

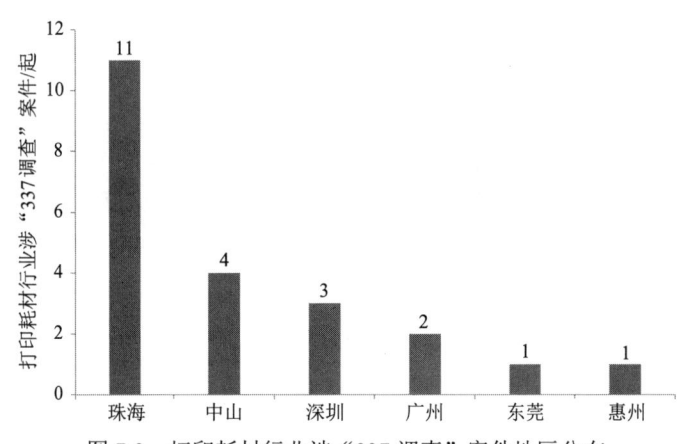

图 7-2 打印耗材行业涉"337 调查"案件地区分布

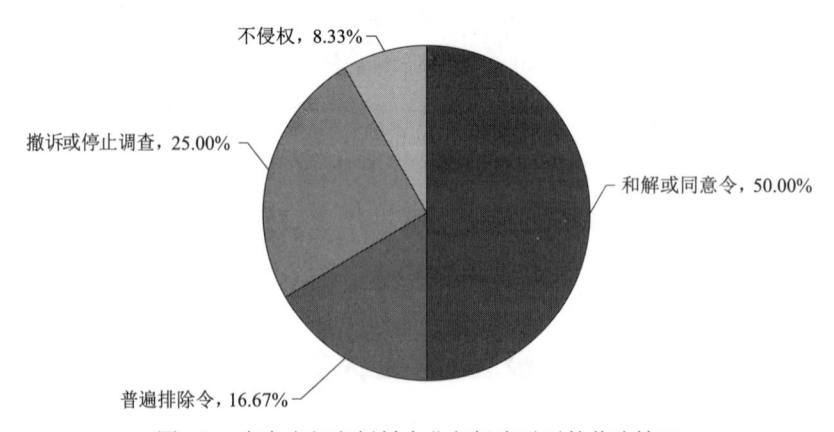

图 7-3 广东省打印耗材企业积极应对后的裁决情况

总体看，打印耗材行业年均有 1～2 起"337 调查"案件，体现了以惠普、佳能为代表的国际打印耗材巨头与我国耗材企业在美国市场的交锋。打印耗材行业涉案企业集中在珠海，除纳思达、天威飞马等行业龙头企业积极应诉"337 调查"外，中小型企业多采取不应诉的策略，行业整体应诉率不足五成，远低于通信设备制造业企业的应诉率。本章深入分析打印耗材行业"337 调查"案件特点，还原当事双方应诉策略，为企业提供借鉴。

第二节　337-TA-565 案件分析

一、案情简介

2006 年 2 月 17 日，美国爱普生等 3 家公司向美国国际贸易委员会提交申请，认为包含纳思达、格力磁电等在内的 24 家公司向美国出口和在美国销售的墨盒侵犯了其相关专利，要求美国国际贸易委员会发布普遍排除令或禁止令，停止被申请人在美国境内进行与侵权产品有关的进口、销售、分销和营销等行为。

（一）当事人基本情况

1. 申请人

申请人爱普生成立于 1942 年，总部位于日本长野县诹访市，是一家在数码影像领域的全球领先企业。公司凭借独特的技术研发能力，形成了信息关联产品，如打印机、投影机；电子元器件如半导体、液晶、石英振荡器；以及以手表为代表的精密仪器三大业务领域。据不完全统计，截至 2020 年 12 月 31 日，爱普生及其关联公司所拥有的已公开或公告的专利申请总量约 26.22 万件。爱普生及其关联公司每年的专利申请量，自 20 世纪 80 年代开始，除了在 1990—1995 年出现了一个短暂的低谷期外，其余时间均维持在较高水平（图 7-4）。其中，已授权且维持有效状态的专利占比为 18.48%，达 4.83 万件（图 7-5）。

图 7-4　爱普生及其关联公司专利申请量年度变化趋势

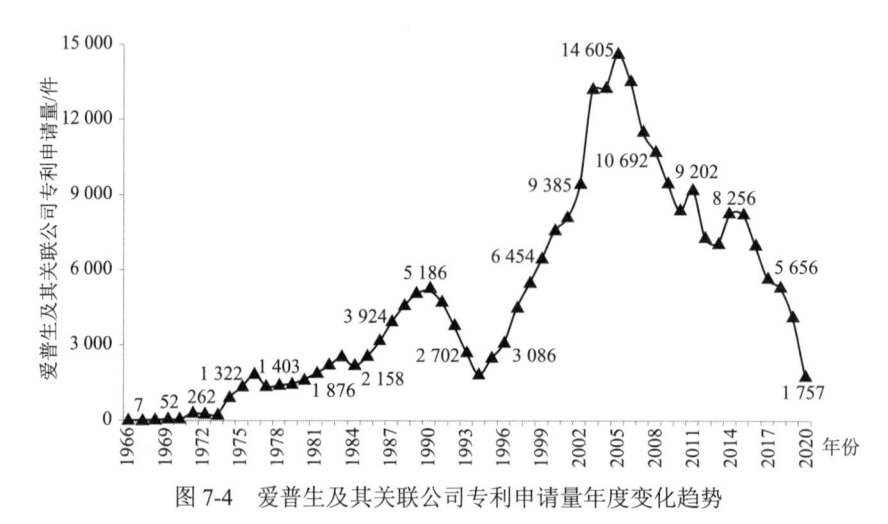

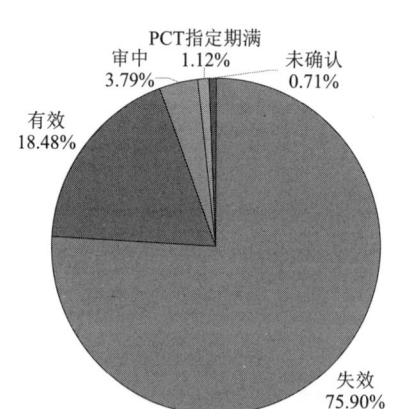

图 7-5　爱普生及其关联公司专利法律状态分布

目前，爱普生及其关联公司已经在全球 50 多个国家和地区进行了专利布局（图 7-6）。其中，专利申请量排行前五的国家和地区依次为日本（65.92%）、美国（13.61%）、中国（9.33%）、欧洲专利局（3.15%）和韩国（2.27%）。全球市场占有率仅次于惠普和佳能，位列第三。❶

2. 被申请人

被申请人共 24 家公司，其中，中国公司 9 家，美国公司 13 家，德国公司 1 家，韩国公司 1 家。纳思达是涉案的广东省企业之一。

---

❶ IDC.Worldwide Shipments of Hardcopy Peripherals Increased 5.6% Year Over Year in the Fourth Quarter of 2020.[EB/OL].〈2021-02-16〕〔2021-05-08〕.https://www.idc.com/getdoc.jsp?containerId=prUS47491221.

第七章 159
广东省打印耗材行业应对美国"337调查"案例

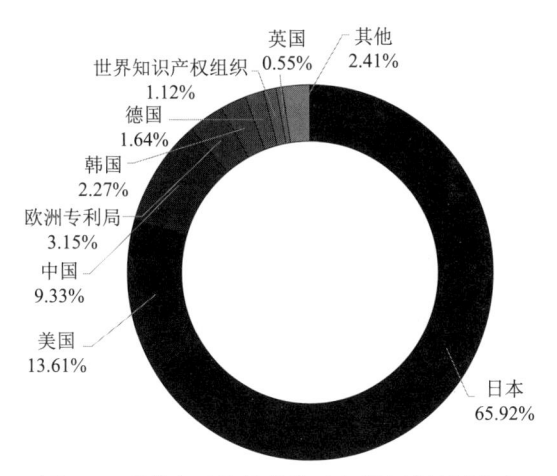

图 7-6 爱普生及其关联公司专利申请地区分布

其他 2.41%
英国 0.55%
世界知识产权组织 1.12%
德国 1.64%
韩国 2.27%
欧洲专利局 3.15%
中国 9.33%
美国 13.61%
日本 65.92%

纳思达成立于 2000 年。经过 20 多年的发展，纳思达的主营业务由打印机耗材芯片延伸到了打印机、打印服务、耗材等领域，完成了自零部件到打印机设备及打印管理服务的全产业链布局，是全球唯一一家实现打印机产业链全覆盖的企业，是全球排名前五的激光打印机生产厂商和全球通用耗材行业的领先企业。据不完全统计，截至 2020 年 12 月 31 日，纳思达及其关联公司所拥有的已公开或公告的专利申请总量的 1.07 万件（图 7-7），且 10 余年来一直保持相对平稳增长势头，每年申请量 200~600 件不等（图 7-8），已授权且维持有效状态的专利占比 36.08%。

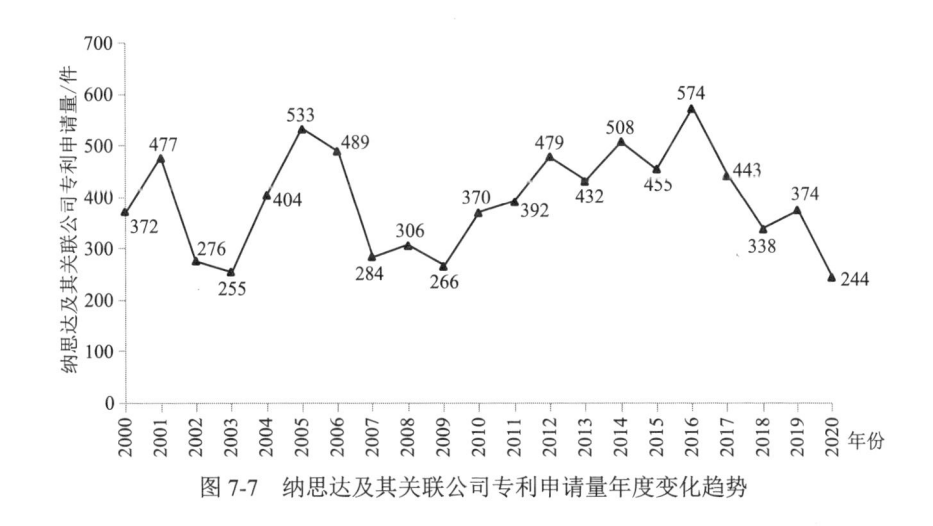

图 7-7 纳思达及其关联公司专利申请量年度变化趋势

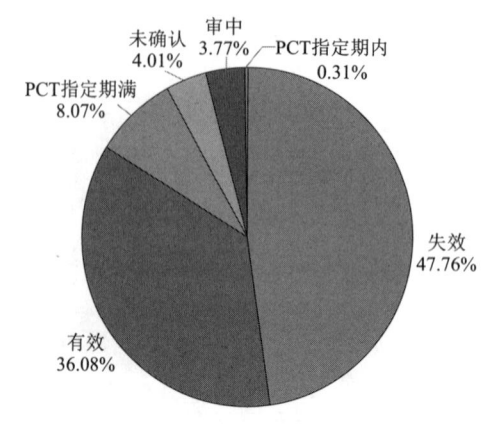

图 7-8　纳思达及其关联公司专利法律状态分布

纳思达已在全球 40 多个国家/地区进行了专利布局（图 7-9）。其中，中国专利申请量占申请总量的 26.52%，美国 28.56%，世界知识产权组织 8.39%，欧洲 7.24%，日本 6.15%。

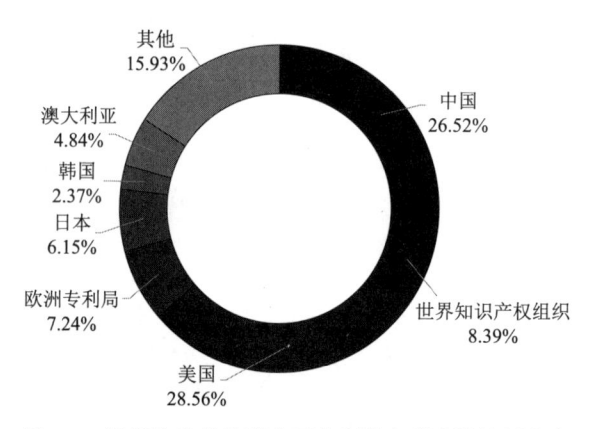

图 7-9　纳思达及其关联公司专利的专利申请地区分布

（二）申请调查

1. 涉及技术及专利介绍

申请人在该案件中申请保护的美国发明专利共有 11 项（表 7-1）。其中，前 9 项发明专利由四个同族专利组成，即 US5615957、US5622439、US5158377、US5221148 和 US5156472 专利组成的"海绵"家族；US5488401

专利组成的"包裹/密封元件"家族；US6502917 和 US6550902 专利组成的"芯片"家族；US6955422 专利组成的"紧缩件与芯片"家族。同族的专利有着相同或几乎相同的说明书，但各自有着不同的发明权利要求。

表 7-1 涉案专利情况

序号	专利号	专利主题	申请日	涉及权利要求
1	US5615957	Ink-Supply Tank For A Dot Matrix Printer	1995.6.5	第 7 项
2	US5622439	Ink-Supply Tank For A Dot Matrix Printer	1995.6.5	第 18、81、93、149、164、165 项
3	US5158377	Ink-Supply System For A Dot Matrix Printer	1990.11.30	第 83、84 项
4	US5221148	Dot Matrix Printer Ink Supply System Having Ink Absorbing Member Substantially Filling An Ink Tank	1990.11.30	第 19、20 项
5	US5156472	Dot Matrix Printer Ink Supply System Having Ink Absorbing Member Filled Under Reduced Pressure	1990.11.30	第 29、31、34、38 项
6	US5488401	Ink-Jet Recording Apparatus And Ink Tank Cartridge Thereof	1992.8.11	第 1 项
7	US6502917	Ink-Jet Printing Apparatus And Ink Cartridge Therefor	2000.1.18	第 1、2、3、9 项
8	US6550902	Ink-Jet Printing Apparatus And Ink Cartridge Therefor	2002.4.12	第 1、31、34 项
9	US6955422	Ink-Jet Printing Apparatus And Ink Cartridge Therefor	2002.4.3	第 1、10、14 项
10	US7008053	Ink Cartridge And Recording Appartus	2005.2.14	第 1 项
11	US7011397	Ink Cartridge And Method Of Regulating Fluid Flow	2003.2.14	第 21、45、53、54 项

考虑到纳思达仅涉嫌对编号为 US6502917 的专利侵权，因此仅对 US6502917 专利涉及的技术进行介绍。

US6502917 专利属于"芯片"家族，涉及一种安装至墨盒上的创新性半导体设备（芯片）。该半导体设备储存有墨盒所运载的墨水等信息。当墨盒被安装至打印机时，半导体设备的触点连接至打印机，从而使墨盒和打印机二者间能够进行信息传递。该半导体设备及其触点的创新性排线与布置有很多优点（图7-10）。例如，当一个在芯片上方的触点在用户使用墨盒时可能导致的意外损害下，可以保护半导体设备，从而防止错误的接线、不恰当的信息交流及电线短路。

US6502917专利涉及的技术要点包括以下四个方面。

一是将半导体设备的触点排列成多行，并且这些行状触点位于一个平面；

二是于供墨口中心线所在的平面上，每行触点相对于供墨口的中心线居中；

三是将半导体设备布置在供墨口的附近区域；

四是位于下方的触点排比上方的触点排长，并更接近供墨口的出口。

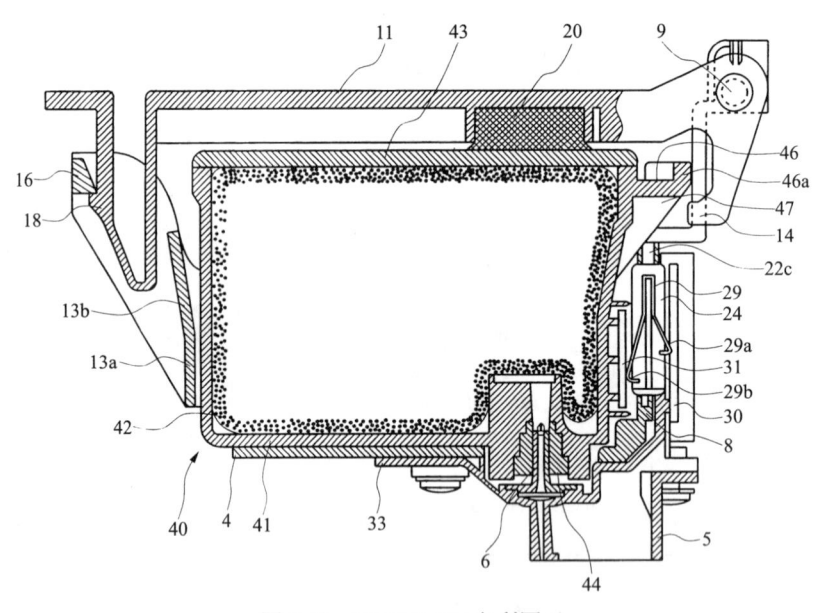

图7-10　US6502917专利图示

2. 具体救济申请

爱普生向美国国际贸易委员会提出以下救济申请：

一是立即调查被申请人在进口到美国、销售到美国和/或进口后在美国境内销售时违反"337条款"规定的行为，调查侵犯申请人具备法律效力且可执行的美国专利号US5615957、US5622439、US5158377、US5221148、US5156472、US5488401、US6502917、US6550902和US6955422的墨盒及其零部件；

二是发布永久性普遍排除令或有限排除令，禁止侵犯上述专利的所有墨盒及其零部件进入美国；

三是发布永久性禁止令，禁止被申请人进口、销售、要约出售（包括通过互联网或电子邮件）、广告（包括通过互联网或电子邮件）、分销或兜售任何墨盒及其零部件；

四是根据调查确定的事实，并在美国国际贸易委员会的授权下，发布公正、适当的其他法令和进一步补救措施。

（三）立案调查

2006年3月17日，美国国际贸易委员会决定对爱普生的申请正式立案调查，案件号为"337-TA-565"，调查并裁决：在将墨盒或其零部件进口至美国，或进口后在美国销售时是否存在违反第337节第（a）（1）（b）小节的情况，以及美国境内是否存在国内产业。

（四）被申请人应诉

在收到申请人爱普生的诉状后，纳思达委托美国舒尔特·罗斯 & 扎贝尔（Schulte Roth & Zabel, LLP，以下简称"SRZ"）律师事务所应诉，并于2006年4月19日提交答辩书。在答辩书中，纳思达对爱普生申请书中的每一项内容都进行了答复，否认侵权指控和反对爱普生的所有救济申请，并在答复中主张以下辩护内容。

1. 无效性抗辩

爱普生的墨盒专利US7008053、US7011397、US5615957、US5622439、

US5158377、US5221148、US5156472、US5488401、US6502917、US6550902 及 US6955422 专利未能满足《美国法典》第 35 篇第二部分规定的一项或多项专利要件条件，是无效的和/或不可执行的专利。

2. 不公平抗辩

爱普生的墨盒专利因在专利起诉过程中存在不公平行为而无法实施。

3. 未侵权抗辩

被申请人不侵犯，也没有促成或引诱侵犯任何有效的爱普生的墨盒专利。因调查仍在进行中，根据委员会规则 210.13（b）有关规定，答辩期间由被申请人提供关于肯定性抗辩中所列的额外信息和事项是不可行的，被申请人将评估如何提供适当且可行的信息作为调查结果或其他方面的反馈。

4. 默示许可权：维修

被申请人被控侵犯了 US6502917、US6955422 和 US5488401 号专利的产品，是专利组合中个别未获得专利的替代部件。事实上，如果没有易耗部件，设备的剩余部分就没有价值，因此维修是可以被允许的，并且不侵犯专利权。US6502917、US6955422 和 US5488401 号专利中，墨盒是产品组合的易耗部件，更换组合中的墨盒是为了其继续使用所进行的必要维修。爱普生打印机的购买者获得了所有爱普生专利在其设备使用寿命内为其预期目的使用所必要的许可，包括本次调查中所申请的专利。因此，被申请人产品的制造、进口和销售不构成对以上专利的侵权。

5. 禁止反言原则

爱普生的权利声明或其中的部分不符合禁止反言原则。爱普生过往的举措足以使人认为，爱普生无意就其墨盒专利纠纷对被申请人或其客户提出权利声明。现在爱普生实施权利主张，被申请人或客户会受到重大损害。

6. 公共利益

爱普生所请求的排除令不会改善公众利益，并会对公共福利、竞争条件和美国消费者产生不利影响。

7. 专利权滥用

合理时机发布的调查结果很可能表明，爱普生违反了《美国法典》第35篇第271（d）（5）条规定，对销售和许可证进行了不适当的限制和约束。因此，爱普生的权利要求应按专利滥用原则全部或部分被禁止。

8. 缺乏属人管辖权

中国和美国都是《海牙公约》的签署国。因此，必须根据《海牙公约》的规定向在中国的被申请人公司送达邮件。美国国际贸易委员会向被申请人纳思达送达邮件违反了《海牙公约》，所以对纳思达没有属人管辖权。

同时，纳思达也提出了自己的救济申请，请求美国国际贸易委员会：

一是拒绝爱普生要求的所有补救请求；

二是不认定任何纳思达产品在美国的进口、销售或许诺销售违反经修订的《美国1930年关税法》第337条的规定；

三是认定爱普生墨盒专利无效且不可执行；

四是认定纳思达未侵犯爱普生墨盒专利的任何权利要求；

五是发布指令终止本次带有不公平的调查；

六是在美国国际贸易委员会认为适当的情况下，给予纳思达任何其他和进一步的补救措施。

（五）调查过程

美国国际贸易委员会于2006年3月17日展开调查。在24名被申请人中，只有纳思达及其美国关联公司、城市天空（Town Sky）有限公司和数据产品（Dataproducts）美国有限公司4家公司就侵权行为向行政法官提出质疑,以下统称"积极被申请人"。

调查过程见表7-2。

表7-2　337-TA-565号案件调查过程

时间	调查过程
2006年2月17日	爱普生向美国国际贸易委员会提交诉状,指控中国、美国、德国和韩国的共24家公司向美国进口和/或在美国销售的售后墨盒,侵犯其在美国的11项发明专利权
2006年3月17日	美国国际贸易委员会进行了立案,案号为"337-TA-565"
2006年4月12日	爱普生提出动议,修改其申诉,增加对美国专利号7008053的第1项权利要求,和美国专利号7011397的第21、45、53和第54项权利要求的侵权申诉
2006年5月3日	行政法官主持听证会
2006年6月26日	美国国际贸易委员会做出初裁,认定Glory公司、Butterfly Print Image公司、Mipo International公司、Mipo America公司及AcuJet U.S.A公司,共5家公司缺席
2006年10月3日	美国国际贸易委员会做出初裁,基于被申请人的请求,认定被申请人Tully Image Supplies公司、Wellink Trading公司及Ribbon Tree Trading公司,共3家公司缺席
2006年11月2日	美国国际贸易委员会做出初裁,批准基于同意令而终止对InkTec公司、InkTecAmerica公司及Ink Lab(H.K.)公司的调查
2006年12月21日	美国国际贸易委员会做出初裁,批准基于同意令而终止对Gerald公司、Artech公司及Inkjetwarehouse公司的调查
2007年1月16日	美国国际贸易委员会做出初裁,批准基于同意令而终止对Nectron International公司、Ribbon Tree (USA)公司、Apex Distributing公司及MasterInk公司的调查
2007年1月17日、18日、19日、20日、22日、23日和24日	行政法官主持证据听证会,主要的焦点是试图确定关于墨盒是否侵犯或没有侵犯这些专利的权利要求的陈述
2007年1月30日	美国国际贸易委员会做出初裁,批准基于申请人爱普生和被申请人RCIP公司的共同请求,修改诉状将RCIP公司加入被申请人公司中;并批准基于同意令而终止对RCIP公司的调查
2007年3月30日	美国国际贸易委员会做出初裁,认定本次调查中有违反"337调查"第337节有关规定的情况,并建议发布普遍排除令(GEO)和停止令(CDO)
2007年10月19日	美国国际贸易委员会做出终裁,并发布普遍排除令、有限排除令及禁止令

(六)初裁

2007年3月30日,行政法官做出了初步裁定:申请人所指控的每一项权利要求均由一个或多个被申请人的产品所侵犯,而且美国国内产业是存在的。行政法官同时建议颁布一项普遍排除令,并针对美国国内被申请人发布禁止令。此外,行政法官还认为涉案专利均有效且可实施。

(七)复审及终裁

2007年4月13日,纳思达提交复审申请,认为初裁是建立在对权利要求错误的法律解释基础上的,这种解释导致明显错误的侵权结论。

2007年10月19日,美国国际贸易委员会做出了终裁,修正了行政法官关于"触点"的定义,并以针对某些美国国内被申请人颁发普遍排除令、有限排除令及禁止令的形式提供补救措施。

关于US6502917专利,美国国际贸易委员会的具体判断如下。

1. "触点"一词的解释(US6502917和US6550902号专利)

美国国际贸易委员会的终裁与初裁对此意见一致,即并非所有的导电材料都构成触点,且该术语不必局限于该专利说明书中描述的特定触点。但美国国际贸易委员会没有发现墨盒和打印机的连接产生了"触点"(but we do not find that the mating of the cartridge and printer creates the "contacts"),在墨盒插入打印机之前,触点就存在于墨盒之上。因此,美国国际贸易委员会将"触点"定义为墨盒上导电材料的离散部分,但不包括能够形成有线电连接的所有导电材料,例如"引线"。这样的定义与该专利说明书中描述打印机和墨盒上的电气材料以及电气材料在创建电路中的功能的术语使用是一致的。

2. US6502917号专利的第1、2、3项和第9项权利要求及US6550902号专利的第1、31项和第34项权利要求的侵权判定

美国国际贸易委员会认为US6502917号专利被侵权,是因为他们得出了如下结论:二者均设有两排"触点"。尽管RC-6和RC-10上的导电材料

的附加部分形成了蛇形图案,但仍然可以识别出两行图案,特别是 RC-6。在这两种墨盒上,导电材料的图案具有材料较宽的区域,而且加宽材料的区域排列成行。在任何情况下,上述附加材料与申请人的专利相比都是非实质性的变化。虽然初裁裁定的是字面侵权,但美国国际贸易委员会发现 RC-6 和 RC-10 实际上是在等同原则下产生了替代性侵权。"根据等同原则,当权利要求中的限定和被控侵权产品以基本相同的方式执行基本相同的功能以获得基本相同的结果时,即产生了侵权。"因此,美国国际贸易委员会判定 RC-6 和 RC-10 在字义上侵犯了 US6502917 号专利的第 1、2、3 项和第 9 项权利要求,以及 US6550902 号专利的第 1 项权利要求,或者在等同原则下产生了侵权。

3. 颁布普遍排除令

基于行政法官对于未经授权而以"泛滥的形式"使用专利发明这一事项的调查结果及"商业条件"的存在,申请人和美国国际贸易委员会调查律师均同意行政法官颁布普遍排除令的建议。但是,普遍排除令不涵盖 US5156472 号专利的第 29、31、34、38 项权利要求,US5622439 号专利的第 165 项权利要求,以及 US7011397 号专利的第 45、53、54 项权利要求,因为爱普生没有通过实质、可靠以及经鉴定的证据来证明被控侵权产品对于这些专利权利要求的侵权。

二、案例点评

(一)申请人策略分析

1. 申诉时机

在本次"337 调查"之前,中国已经成为世界打印耗材的制造中心,墨盒的产量占据全球总产量的 60%。其中,纳思达和格力磁电 90% 的墨盒都出口到海外,❶纳思达生产的通用墨盒产品更是占到了美国通用墨盒市场的30%❷。而爱普生打印机的销量虽然一直保持增长,但销售增长速度却逐渐减慢,显得后劲不足。因此,爱普生于 2006 年 2 月 17 日发起了本次调查申请。在被诉的 24 家企业中,有 9 家为中国企业。爱普生提起诉讼的目的不仅仅是解决专利侵权问题,更是为了阻止对手进入美国市场,确保自身在墨盒市场上的高昂利润。

2. 专利储备

爱普生在全球主要市场国家均有丰富的专利储备,涉案专利的同族专利数十分庞大,如表 7-3 所示,特别是争议最大的 US6502917 和 US6550902 号专利的简单同族和拓展同族专利数均有一两百个。由此可见,爱普生对于相似技术的保护十分全面,形成了专利池效应。

表 7-3　337-TA-565 案涉案专利的同族专利统计

涉案专利	简单同族 / 项	拓展同族 / 项
US5615957	11	241
US5622439	11	241
US5158377	3	241
US5221148	1	241
US5156472	3	241
US5488401	2	241
US6502917	161	186
US6550902	161	186
US6955422	38	269
US7008053	41	125
US7011397	40	45

---

❶ TechWeb. 纳思达单挑爱普生再升级 将推自主研发打印机 .[EB/OL].〈2009-10-16〉[2020-08-08].http://www.techweb.com.cn/news/2009-10-16/448524.shtml.

❷ 找法网 . 爱普生专利被判无效,纳思达打掉 337 案根基 .[EB/OL].〈2019-05-22〉[2020-03-08].https://china.findlaw.cn/chanquan/chanquananli/zlfal/11546.html.

3. 关注争辩焦点

该案争辩焦点在于纳思达是否侵犯了爱普生的专利权。判定一个专利是否被侵权有两步：

第一步，必须解释涉案权利要求的保护范围；

第二步，将指控产品与权利要求解释进行对比，来确定其是否包括权利要求每一个限定，包括相同或充分等同。

（1）关于涉案权利要求的保护范围问题。调查初期，爱普生指控纳思达产品对其11项专利构成专利侵权，在经过美国国际贸易委员会复审后只认定了US6502917号专利可能涉嫌侵权，争辩焦点落在了US6502917号专利的权利要求的解释上。对此，爱普生和纳思达给出了不同的解释。

爱普生认为"触点"是"用于连接"，或"用于允许"半导体存储设备和喷墨打印设备之间的"有线电通信"。专利说明书清楚地表明触点是墨盒上导电材料的一部分，与打印机上相应导电材料相接触。爱普生坚持触点是墨盒上导电材料的一部分，与打印机上相应导电材料接触，并非电路板上的所有导电材料均是触点。

纳思达主张通过墨盒和打印机的匹配来定义触点，使这个术语变得不确定，"触点"应限制于离散电极（"contacts" should be limited to the discrete electrodes），爱普生的定义违背了"触点"一词的普通含义。同时，纳思达认为这样的定义不能够确定打印机没有安装墨盒的情况是否构成侵权：特定墨盒被安装于某些打印机时可能是侵权的，而安装在其他打印机上时则可能不构成侵权。

最终，美国国际贸易委员会将"触点"定义为墨盒上导电材料的离散部分，但不包括能够形成有线电连接的所有导电材料，如"引线"。

（2）关于纳思达涉案产品是否侵权问题。纳思达认为爱普生未能履行其举证责任，证明RC-6和RC-10上的触点模式构成侵权。爱普生则坚持声称纳思达仅是在"触点"上添加了额外材料（非实质性材料），违反等同原则，RC-6和RC-10侵犯了其所主张的权利要求。

第七章
广东省打印耗材行业应对美国"337调查"案例

最终,美国国际贸易委员会认为,RC-6 和 RC-10 上的导电材料的附加部分不起任何作用,在字义上侵犯了 US6502917 号专利的第 1、2、3 项和第 9 项权利要求,以及 US6550902 号专利的第 1 项权利要求,或者在等同原则下产生了侵权。

4. 合理利用程序优势

在取证调查阶段,爱普生多次提交动议强制纳思达提交内部证据、证人证词等,从而判断是否满足权利要求的各种限定。通过这种方式,爱普生一方面降低了自身调查取证难度,节省时间和精力成本;另一方面增加了对手的自证负担,消耗纳思达的人力和物力,达到打击对手的目的。此外,对于自己不利的内容,爱普生也会提出反对。比如说,爱普生认为纳思达试图误导美国国际贸易委员会的调查人员对于爱普生提供的附件的认识,便对此提出反对的动议,通过双方程序的来回较量,实现自己的意图。

(二)被申请人策略分析

1. 积极应诉

面对爱普生的申诉,纳思达沉着应对,主要表现在以下三个方面。

一是聘请了美国在知识产权方面非常专业的 SRZ 律师事务所参与应诉。

二是综合研判形势,分析自身利弊,按时提交应诉材料。纳思达意识到,美国国际贸易委员会的"337调查"并不追究前罪,只要证明自己目前或以后出售到美国的商品没有侵权,就可以继续获得产品出口到美国的机会,并且有可能获得诉讼的胜利。同时,纳思达对自家产品和爱普生产品专利进行分析比对发现,当时在美国市场销售的墨盒产品都是有自己的专利技术的,并没有侵犯爱普生的专利。因此,纳思达在应诉期限20天内便提交了应诉文书。

三是积极采取多种应对策略。纳思达除积极配合美国国际贸易委员会调查,主动提交了多份证据外,同时提出了专利无效、缺乏管辖权、专利滥用等抗辩策略。行政法官做出纳思达侵权的初裁后，纳思达 10 天内就提出复审申请，并且提出专利无效申请。

2. 寻求专利无效

2006 年 6 月 20 日，纳思达针对爱普生 US7008053、US7011397、US5615957、US5622439、US5158377、US5221148、US5156472、US5488401、US6502917、US6550902 及 US6955422 号专利提出了专利无效申请，美国国际贸易委员会并未支持其请求。

2007 年 7 月，纳思达再次针对爱普生 US6502917、US6550902 和 US7008053 号专利向美国专利商标局提起专利无效的申请。同年 12 月 13 日，美国专利商标局在其网站上发表官方文书，确定爱普生 US6502917 和 US7008053 号专利无效。

3. 程序对抗

纳思达合理利用程序规则保护了自己的权益，减少了诉讼成本，同时增加了对方调查取证的难度。主要体现在以下三个方面。

一是向美国国际贸易委员会提出反对动议，合理保护自身权益。2006 年 4 月 21 日，纳思达提出反对爱普生修改调查申请书和调查通知的动议。因为行政法官将对所有涉案专利的争议做出裁定，本就有限的取证时间会因为爱普生要求增加 US7008053 号专利和 US7011397 号专利的侵权申诉而更加紧迫，对纳思达非常不利，所以纳思达通过反对动议的方式排除干扰，专注于目前的准备工作，合理地保护了自己的权益。

二是要求申请人提供证据，节省自身取证时间。2006 年 6 月 23 日，纳思达提出动议要求爱普生提供内部文件及涉案专利样品等，减少了自己调查取证的成本和时间。

三是反驳申请人证据，消耗对方精力。纳思达分别就爱普生的补充辩驳证据和关于现有技术时效的动议提出了反对意见，要求排除某些证据，消耗了对方的诉讼成本与精力。

三、案件小结

该案例既是纳思达遭遇的第一起"337调查"案件,也是我国打印耗材行业遭遇美国知识产权贸易壁垒纠纷第一案,更是我国兼容耗材厂商和国际原装耗材巨头在国际市场上的第一次"短兵相接"。虽然纳思达积极应诉并对涉案专利技术提出无效申请,但令人遗憾的是,美国国际贸易委员会在终裁时仍然认定纳思达等构成侵权。连同其他没有应诉的中国耗材企业一样,其所生产的相关涉案产品都不得再销往美国市场。幸运的是,纳思达自主研发的新专利技术的产品都不在本次"337调查"的范围内,也不在普遍排除令的范围内,自主技术的产品将继续扩大在美国市场的销售。因此,此次美国国际贸易委员会的普遍排除令并没有对纳思达产生致命的影响。纳思达等国内耗材企业通过积极应诉,熟悉了美国"337调查"的规则与诉讼流程,积累了与国际耗材巨头打诉讼官司的经验,更明白了唯有拥有自己的核心技术,才不会受制于他人。此案为纳思达等国内行业龙头的长远发展和全球战略布局提供了有益的经验借鉴。

第三节 337-TA-918 案件分析

一、案件简介

2014年5月7日,佳能及其美国关联公司向美国国际贸易委员会提出申请,指控在美国进口及美国国内市场销售的部分碳粉盒及其同类产品侵犯了其专利权,要求启动"337调查",并发布排除令和禁止令。佳能指定的应诉方包括深圳市爱斯达办公耗材有限公司(以下称为"爱斯达")、赛纳科技、纳思达等多家粤企。该案被申请人较多,报告仅以采取不应诉策略的爱斯达作为分析对象。

（一）当事人基本情况

1. 申请人

佳能于1937年创立于日本，一直是电子成像领域世界领先的创新者和激光电子照相领域的领导者。产品以光学技术为核心，涵盖了影像系统产品、办公产品及产业设备等广泛领域，营业网络遍布美洲、欧洲、亚洲和大洋洲等。2020年佳能市场份额位居全球第二，仅次于惠普。

本报告主要统计佳能在打印耗材领域的专利申请量，即主要统计佳能公司IPC分类号落入B41（印刷；排版机；打字机；模印机〔4〕）、G03（摄影术；电影术；利用了光波以外其他波的类似技术；电记录术；全息摄影术〔4〕）、H04N1（文件或类似物的扫描、传输或重现，例如传真传输；其零部件〔3,4〕）或C09D11（油墨〔1,2014.01〕）范围内的专利申请。

截至2020年12月31日，佳能在打印耗材领域所拥有的专利申请总量约为58.04万件，且自1980年以来，每年的专利申请量均维持在较高的水平（图7-11）。2019—2020年申请量较低的原因可能是部分专利申请未公开或公告，从而未纳入统计。佳能专利申请总量虽大，但已有74.31%的专利申请由于专利权届满或其他原因导致专利权终止，目前仍维持有效的专利申请占比为18.30%，达10.63万件（图7-12）。

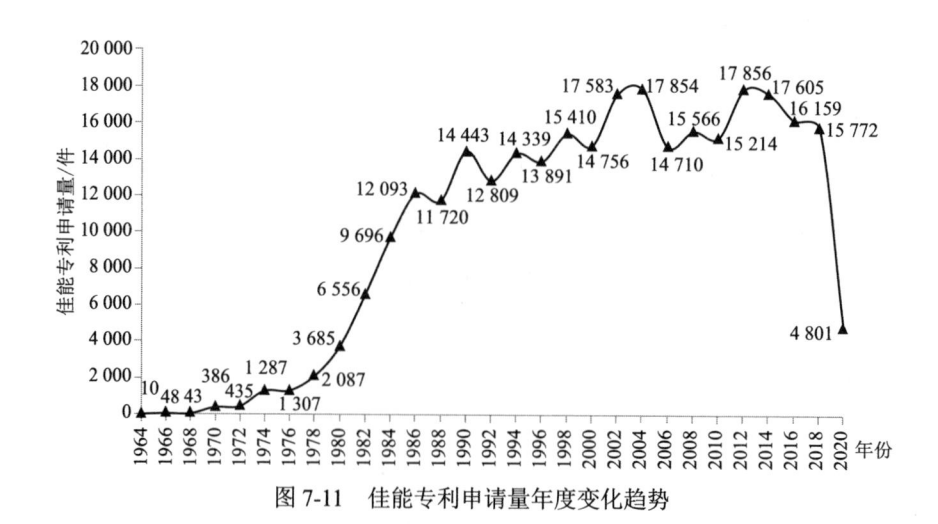

图7-11　佳能专利申请量年度变化趋势

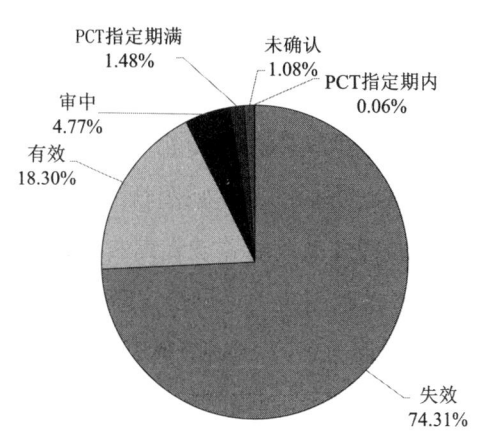

图 7-12 佳能专利申请简单法律状态分布

目前，佳能已在全球 60 个国家和地区对打印耗材相关技术进行了专利布局。其中，以日本、美国、德国和中国的专利申请量最多（图 7-13），占比分别为 61.88%、17.58%、3.51% 和 5.13%。

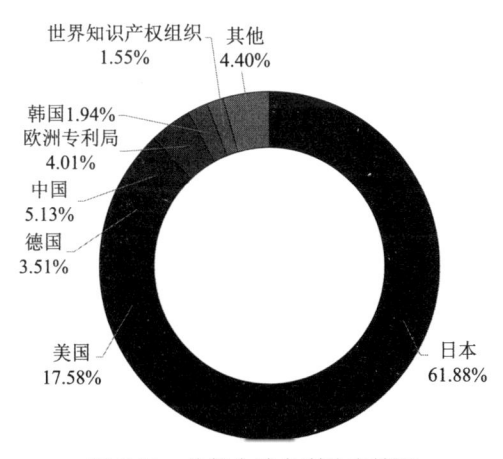

图 7-13 佳能全球专利分布情况

2. 被申请人

爱斯达成立于 2009 年，其总部位于深圳，是一家专业从事激光打印机耗材，复印机耗材研发、生产及销售的制造商。爱斯达公司主要经营范围为硒鼓、复印机粉筒及墨盒。

目前，爱斯达所拥有的专利申请数量仅有 8 件，均为实用新型专利，其中仅 5 件专利维持有效。8 件专利均为 2013 年申请，专利分布地区均为中国，如表 7-4 所示。

表 7-4　爱斯达公司拥有的专利列表

公开（公告）号	标题	申请日	授权日	IPC 分类号	专利法律状态
CN203350611U	一种硒鼓	2013-04-28	2013-12-18	G03G15/08 G03G21/16 G03G21/18	专利权维持
CN203350614U	一种硒鼓	2013-04-28	2013-12-18	G03G21/18	专利权维持
CN203350613U	一种碳粉盒充电清洁装置	2013-06-06	2013-12-18	G03G21/00 G03G15/08	失效
CN203350612U	一种碳粉盒密封装置	2013-06-06	2013-12-18	G03G15/08	失效
CN203250109U	一种硒鼓	2013-04-28	2013-10-23	G03G15/08 G03G21/18	专利权维持
CN203250107U	一种硒鼓	2013-04-28	2013-10-23	G03G15/00	专利权维持
CN203250114U	一种硒鼓	2013-04-28	2013-10-23	G03G21/18	专利权维持
CN203250113U	一种易再生硒鼓	2013-03-28	2013-10-23	G03G21/18	失效

爱斯达所拥有的专利技术领域较为单一，均为 G03（摄影术、电影术、电记录术、全息摄影术，利用了光波以外的其他类似技术）。尽管专利数量不多，但爱斯达积极参与多项打印耗材行业标准的制定，如《信息技术、办公设备、鼓粉盒单页耗粉量测量方法》（T/GDPCIA 003—2019）、《印品墨粉定影牢固度的测试——胶带法》（T/GDPCIA 001—2019）、《信息技术、办公设备、鼓粉盒标称页产量确定方法》（T/GDPCIA 002—2019）等，发展前景可期。

（二）申请调查

1. 涉案技术及专利介绍

涉案专利包括 9 个美国专利 US8280278、US8630564、US8682215、US8676090、US8369744、US8565640、US8676085、US8135304 和

US8688008。其中，US8280278 号专利具有 275 项权利要求，US8630564 号专利具有 311 项权利要求，佳能在美国以外的其他国家和地区都进行了同族专利布局（表 7-5）。

表 7-5 涉案全部专利

涉案专利	发明名称	申请日	涉及权利要求
US8280278	处理盒、电子照相成像设备和电子照相感光鼓单元	2007 年 12 月 26 日	第 160、165、166 项
US8630564	处理盒、电子照相成像设备和电子照相感光鼓单元	2012 年 8 月 9 日	第 171、176、179、181、189、192、200 项
US8682215	处理盒、电子照相成像设备和电子照相感光鼓单元	2013 年 12 月 10 日	第 23、26、27、29 项
US8676090	旋转力传递部件	2013 年 12 月 4 日	第 1、2、3、4 项
US8369744	包括用于电子照相成像设备的感光鼓的处理盒	2012 年 1 月 26 日	第 1 项
US8565640	用于连接构件的拆卸和安装方法和电子照相感光鼓单元	2013 年 2 月 22 日	第 1 项
US8676085	用于连接构件的拆卸和安装方法和电子照相感光鼓单元	2013 年 12 月 4 日	第 1、2、3、4 项
US8135304	具有调节部分和可倾斜耦联构件的处理盒	2008 年 9 月 30 日	第 1 项
US8688008	电子照相成像设备、显影装置及耦联构件	2013 年 2 月 11 日	第 1、7、8、9、11、12、34 项

涉案专利均涉及"万向节齿轮"，此处仅以 US8280278 的权利要求第 160 项为例，对该案涉及的技术进行简析。

US8280278 的第 160 项权利要求为处理盒，包括以下三个部分。

一是盒体；

二是具有轴 L1 的旋转构件，所述旋转构件可绕轴 L1 旋转地支撑在所述盒体上；

三是具有轴 L2 的耦联构件，所述耦联构件具有以下特点：（i）与所述旋转构件连接的第一端部；（ii）第二端部；和（iii）连接第一端部和第二端部的连接部；其中，所述耦联构件可在所述耦联构件的轴 L2 与所述旋转构件的轴 L1 同轴的第一位置旋转至所述耦联构件的轴 L2 相对于所述旋转构件的轴 L1 倾斜的第二位置，其中所述耦联构件的轴 L2 相对于所述旋转构件的轴 L1 倾斜的最大角度为约 20°至约 60°。

涉案专利中感光鼓末端的耦联部件可以旋转一定角度，实现处理盒沿着与主组件所设有的驱动轴的轴线大致垂直的方向安装至打印设备主组件或从主组件中拆卸。涉案专利中耦联部件与主组件配合的结构示意图如图 7-14 所示。

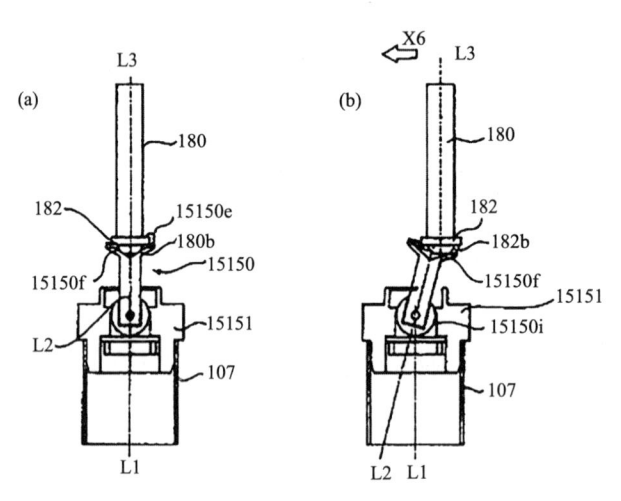

图 7-14 涉案专利的一个结构图

2. 具体救济请求

佳能指控被申请人在国外生产以进口和销售到美国、进口到美国和/或进口后在美国销售的碳粉盒及其组件（包括 MONO 1、MONO 2、MONO 3 和 COLOR 4 个类型），侵犯了其专利的权利要求。具体侵权行为包括以下三个方面。

一是被申请人直接侵权。被申请人在美国使用、销售和为销售提供涉案侵权产品，以及向美国进口涉案侵权产品。

二是被申请人引诱侵权。被申请人宣传涉案侵权产品和/或给客户提供使用这些产品的说明书，在美国范围内引诱第三方终端用户使用涉案侵权产品。

三是被申请人故意侵权。被申请人知道涉案侵权产品的终端用户在打印机上使用这些产品，知道（或者在收到诉状的副本后将会知道）涉案专利和他们的侵权行为，或者故意无视涉案专利和他们侵权行为的存在。申请人称曾在 2014 年 1 月 29 日向美国纽约南区地方法院提交的专利侵权诉讼的副本，包括爱斯达在内的被申请人收到了法院的传票；2014 年 4 月 1 日，佳能又向纽约南区地方法院提交了修正诉状，增加了 4 个涉案专利：US8682215、US8676090、US8676085 和 US8688008 号专利，修正诉状的副本也发送给了被申请人。被申请人通过提交或送达该案诉状，以及同时在美国纽约南区地方法院提交和送达侵犯所有专利的诉状来知道他们的侵权行为，因此佳能认为被申请人存在故意侵权行为。

基于上述原因，佳能公司要求美国国际贸易委员会发布普遍排除令或有限排除令，以及禁止令，停止包括爱斯达公司在内的侵权行为，并禁止被申请人的涉案产品进入美国市场。

（三）调查过程

该案件历时约 16 个月，调查过程见表 7-6。

表 7-6　337-TA-918 调查过程

时间	调查过程
2014 年 5 月 7 日	佳能向美国国际贸易委员会提交调查申请
2014 年 6 月 6 日	美国国际贸易委员会立案，确定案号为 337-TA-918
2014 年 7 月 9 日	美国国际贸易委员会发布初裁，基于撤诉（withdraw of complaint）停止对纳思达和赛纳科技的调查
2014 年 7 月 29 日	美国国际贸易委员会发布初裁，裁定 Nectron 缺席
2014 年 8 月 14 日	美国国际贸易委员会发布初裁，基于撤回诉讼停止对涉案专利 US8369744、US8565640、US8676085 和 US8135304 的调查，涉案专利减少到 5 个
2014 年 9 月 5 日	美国国际贸易委员会发布初裁，裁定爱斯达等 8 家公司缺席
2014 年 10 月 9 日	美国国际贸易委员会发布初裁，基于同意令停止对 Print-Pite 公司的调查
2014 年 10 月 28 日	美国国际贸易委员会发布初裁，裁定 ACM 公司缺席
2014 年 11 月 3 日	美国国际贸易委员会发布初裁，基于同意令停止对 LD Products 的调查

续表

时间	调查过程
2015 年 3 月 3 日	美国国际贸易委员会发布初裁,基于同意令停止对赛纳科技(美国公司)和 International Laser Group, Inc. 的调查
2015 年 6 月 8 日	美国国际贸易委员会发布初裁,同意佳能关于缺席被申请人和非参与被申请人侵权的简易裁决的动议,以及发布救济措施和保证金的建议性裁决
2015 年 8 月 31 日	美国国际贸易委员会发布了普遍排除令(GEO)和禁止令(CDO),停止调查

(四)初裁

2015 年 6 月 8 日,美国国际贸易委员会发布初裁,同意佳能关于缺席被申请人和非参与被申请人侵权的简易裁决的动议,以及发布救济措施和保证金的建议性裁决。

(五)终裁

2015 年 8 月 31 日,美国国际贸易委员会发布终裁,同意初裁决定,发布普遍排除令,禁止任何侵犯佳能美国专利 US8280278、US8630564、US8682215、US8676090 和 US8688008 相关权利要求的产品进口到美国境内。美国国际贸易委员会在公布文件中表示,在总统审核期间(自美国国际贸易委员会发布普遍排除令后的 60 天内),相关产品还能继续进口到美国,但进口商必须提交美国国际贸易委员会所要求的担保金,数额相当于进口货物 100% 的价值。当审核期结束后,普遍排除令将成为终局性的裁决,任何涉嫌侵犯涉案专利的产品将被禁止进入美国。

二、案例点评

(一)"337 调查"中的"公共利益"考量

鉴于"公共利益"很有可能在被申请人其他答辩意见均不成立的情况下仍然会对调查结果产生重大影响,因此,报告在分析案例前,有必要对

"公共利益"这一重要豁免标准加以解释和说明。

"公共利益"的概念十分复杂,其概念杂糅了政治学、经济学、法学、社会学等多门学科。目前对"公共利益"概念的普遍观点是由美国政治学家克鲁斯克等(1992)提出的:"'公共利益'是社会或国家占绝对地位的集体利益,而不是某个狭隘或专门行业的利益。'公共利益'是超越某行业(部门)所达到的大多数人的共同利益,是具有广泛性的群体利益。"❶

"公共利益"在美国法律体系中一向是美国法官在判决涉外案件中需要考虑的重要因素,不论是在考虑外国法律判决能否在美国执行,还是在考虑是否签发禁止令中都有涉及。而在"337调查"中,"公共利益"也是USITC是否发布排除令或限制令的重要考虑因素。

"337调查"规定,当美国国际贸易委员会在"337调查"中决定是否给予申请人禁令救济时,依法应考虑公共利益。如果给予禁令救济对公共利益造成不利影响,则美国国际贸易委员会可以不给予申请人禁令救济。当发生以下几种比较典型的情况时,企业可考虑增加基于公共利益方面的法律抗辩,争取美国国际贸易委员会或法院否定或调整禁令:

一是当涉案产品为多元产品时,涉案专利的功能只覆盖涉案产品的极小部分,禁令会导致过度救济,将涉案的多元产品及该产品中大量合法部分排除市场,不利于市场竞争并损害消费者利益。

二是遭遇"专利蟑螂",并且大量公司被控告,一旦下达禁令将使许多公司被挤出市场,严重削弱市场竞争,威胁整个行业。

三是标准必要专利(standard-essential patent,SEP)是指包含在国际标准、国家标准和行业标准中,且在实施标准时必须使用的专利。也就是说,当标准化组织在制定某些标准时,部分或全部标准草案由于技术上或者商业上没有其他可替代方案,无可避免要涉及专利或专利申请。当这样的标准草案成为正式标准后,实施该标准时必然要涉及其中含有的专利技术。持有人不当利用美国国际贸易委员会或法院要求发布销售禁制令,妨碍竞争对手进

---

❶ 周林彬,何朝丹.公共利益的法律界定探析——一种法律经济学的分析进路[J].甘肃社会科学,2006(01):130-137.P183,徐香怡."美国337调查及其应对措施",《商情》,2019(14)

入市场，损害公平竞争及消费者利益等。❶ 因此，下面就申请人和被申请人双方如何利用现有规则进行最优策略选择进行分析。

（二）申请人策略分析

1. 申诉时机

佳能一向在打印耗材行业占据龙头地位，日本经济新闻曾在 2014 年汇总了全球 50 个行业的龙头企业，佳能在喷墨打印行业市场份额占 27.1%，仅次于惠普。而随着中国经济的迅速发展，诸如爱斯达等中国企业在全球打印耗材行业迅速扩张，占据了不小的市场份额。爱斯达先后设立了 8 个海外分公司，在全球近百个国家和地区拥有专门的品牌代理商。加之 2008 年爆发的全球金融危机，全世界主要的打印耗材公司都经历了 2008—2009 年 "寒冬"，而中国公司凭借规模大、成本低的特点，出口量反而增加了 60%。❷ 因此，佳能认为中国公司对自身来说是一个不小的威胁。

佳能此次申请 "337 调查"，调查对象多达 33 家公司。其中，中国公司有 11 家，美国公司 22 家。佳能知道自己很可能会遭遇对方企图适用上述第二条 "专利蟑螂" 条款，说服法官考虑公共利益情节，不予签发排除令。因此，佳能在 2014 年 5 月 7 日正式提出申请前，于 2014 年 1 月 29 日先行起诉了一批其认为有可能侵犯其专利的公司，并向包括爱斯达在内的其他被申请人发送了其在 2014 年 1 月 29 日向美国纽约南区地方法院提交的专利侵权诉讼的副本。如此一来，佳能公司就可以在申请诉求中主张，这些公司都是明知自己在侵权而为之，属故意侵权，主观恶意性较大，以此来增加己方申请签发排除令的成功率。

2. 专利储备

佳能在全球主要市场国家均有丰富的专利储备，涉案专利的简单同族

---

❶ 徐香怡.美国 "337 调查" 及其应对措施 [J]. 商情，2019(14).
❷ 郑西振. 中国打印耗材行业现状与发展趋势 [J]. 办公自动化,2010(13):26-29.

和拓展同族数均相对较多，如表 7-7 所示，对相似技术的保护较为全面。

表 7-7　337-TA-918 案涉案专利的同族专利统计

涉案专利	简单同族 / 项	INPADOC 同族 / 项
US8280278	121	121
US8630564	121	121
US8682215	121	121
US8676090	60	67
US8369744	33	33
US8565640	35	39
US8676085	35	39
US8135304	19	19
US8688008	67	73

3. 关注争辩焦点

该案争辩的焦点在于被申请人是否侵犯了申请人佳能的专利权，因此对涉案产品的专利分析就显得格外重要。

本次调查涉案产品共有 2 个，分别如下。

一是用于激光打印机和其他激光印刷设备（包括 Canon 和 HP 激光打印机）的可更换的单色墨粉盒和可更换的彩色墨盒；

二是包含在或销售用于这种单色墨粉盒的感光鼓部件。

在争辩焦点方面，佳能采取了以下策略。

首先，佳能提供了自己的涉案产品 HP CE505A，涉案被申请人产品都与之类似。这些产品是佳能制造的原装碳粉盒（用于美国国内工业目的），都包含一个碳粉盒外壳、一个感光鼓单元、一个显影辊、一个清洁刀片和一个充电辊及其他组件（图 7-15）。

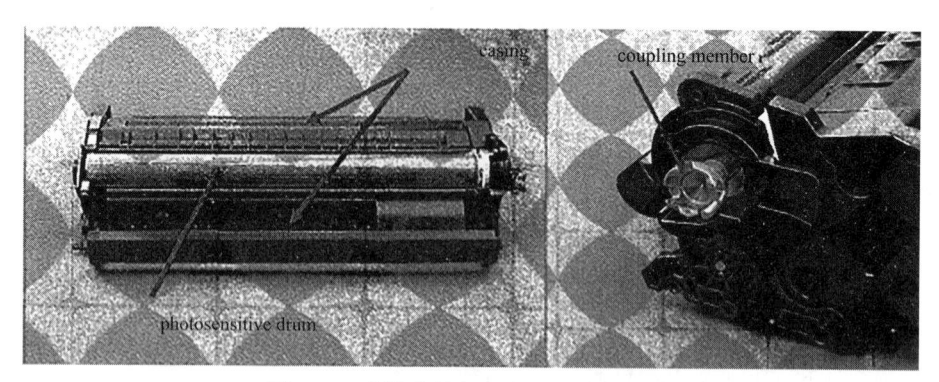

图 7-15　申请人的代表产品 HP CE505A

其次，佳能对涉案产品进行了侵权分析。分析发现涉案产品主要包含 2 种侵权产品："克隆"或"可兼容"碳粉盒及"再生"碳粉盒。其中，"再生"碳粉盒就是原装厂商碳粉盒，只是一个或多个原装零件已被更换，因此这类侵权产品较好认定。但是"克隆"或"可兼容"碳粉盒因为不是原装厂商产品的复制品，不包含任何原装厂商部件，此类产品的侵权认定难度要大得多，因此只能在其设计上寻求专利侵权突破点。通过分析，佳能发现被申请人的涉案侵权产品使用了多种型号的连接件，包括但不局限于图 7-16 所示的型号。

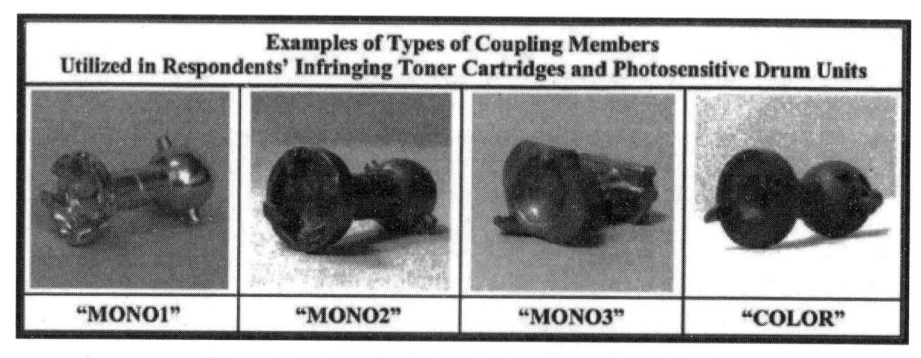

图 7-16　被申请人涉案侵权产品中耦联构件的类型

其中，包含 MONO1 和 MONO2 连接件的涉案产品也包括了一种连接在感光鼓末端的法兰，一共有四种型号。这种法兰把连接件和感光鼓连接起来，把转动装置和感光鼓以及其他部件连接起来。这四种感光鼓法兰可以分成四种代表类型"Type A""Type B""Type C"和"Type D"，如图 7-17 所示。

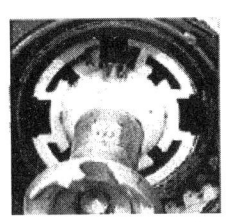

| Type A | Type B | Type C | Type D |
| Drum Flange | Drum Flange | Drum Flange | Drum Flange |

图 7-17 被申请人涉案侵权产品中耦联构件的类型

最后，基于上述分析，佳能详细列出了所有被申请人分别侵犯专利权的表格。由于原表格过长，经过整理如表 7-8 所示。

表 7-8 337-TA-918 案各被申请人涉案产品类型

被申请人	侵犯专利权类型
纳思达	MONO1 MONO2 COLOR
Aster	MONO1 MONO2 COLOR
天威	MONO1 MONO3 COLOR
ILG	MONO1 MONO2 COLOR
ASTA	MONO1 MONO2 COLOR
Acecom	MONO1 MONO2 COLOR
ACM	MONO1 MONO2 MONO3 COLOR
Supplies Guys	MONO1 MONO2 COLOR
Do It Wiser	MONO1 MONO2 COLOR
Grand Image	MONO1 MONO2 COLOR
Green Project	MONO1 MONO2 COLOR
Ink Tech	MONO1 MONO2 COLOR
Katun	MONO1 MONO3 COLOR
LD Products	MONO1 MONO3 COLOR
Linkyo	MONO1 MONO2
Nectron	MONO1 MONO2 MONO3 COLOR
Online Tech Stores	MONO1 MONO2 COLOR
Printronic	MONO1 MONO2 COLOR
Zinyaw	MONO1 MONO2 MONO3 COLOR

以上细致的分析对佳能的申请调查起到了很大的帮助。正所谓"知己知彼，百战不殆"，充分体现了在诉前着眼于争辩焦点的重要性。

4. 合理利用程序优势

佳能在该案立案之后，合理地利用了程序优势，达到了"不战而屈人之兵"的效果。

在分析佳能是如何合理利用程序优势达成自己的目的之前，要了解两个"337调查"中常用的术语。

首先是"337调查"的调查取证期。通常来说，"337调查"在立案后的45日内，行政法官将确定结束调查的目标日期，一般设定在12～16个月内审结。❶ 也就是说，在"337调查"启动之后，美国国际贸易委员会会花费一年多的时间进行取证调查。

其次是"337调查"中的同意令。根据美国国际贸易委员会规则规定，双方可以通过达成和解协议来终止对一个或多个被申请人的调查，其中包括签订许可或者提交仲裁的协议。❷ 因此，一项涉及专利调查的申请人可以与其中一个被申请人达成许可协议，并提交终止对该被申请人调查的动议。如果USITC认定该协议不违背公共利益，则可以根据动议全面或部分终止调查。该规则第210条第21款第3项还规定，对一个或多个被申请人终止调查还应有同意令（consent order）。同意令一般由申请人和被申请人联合提交包含当事方联合提议的同意令的动议，被申请人也可以单独提出。

而佳能正是利用了调查期间的时间，通过与多家公司谈判，使对方与己方达成和解。被申请人公司满足佳能提出的条件后，佳能就会对其撤诉或者寻求美国国际贸易委员会基于同意令停止对目标公司的调查。比如，2014年7月9日，美国国际贸易委员会发布初裁，基于申请人撤诉停止对纳思达和塞纳公司的调查；2014年10月9日，美国国际贸易委员会发布初裁，基于同意令停止对Print-Pite Respondents公司的调查等。

---

❶ 商务部."337调查"的一般程序.[EB/OL].〈2004-10-09〉[2020-11-08].http://www.mofcom.gov.cn/aarticle/bi/200410/20041000287782.html.
❷ 数据来源于美国联邦法典第19编第210条第1款第2项，第2、4款

如此一来，佳能不仅可以迅速停止被申请人公司侵权，达成其诉讼目的，还能减少不必要的调查时间，将精力集中于那些不愿和解的企业上，更有利于其收集证据，增加胜诉的机会。

5. 诉讼目的

事实上，佳能提起"337调查"并非简单的专利纠纷，其背后有着更深一层的目的。在2014年《IT时代周刊》的一篇报道中，曾经有业内人士做出分析："打印机和耗材行业是巨人的游戏。目前全球的打印机市场基本被佳能、惠普和爱普生等大厂商垄断，它们的打印机设备价格非常便宜，主要通过销售原装耗材来获取利润。相比这些巨头'高贵'的原装耗材，中国'平民'价格的通用耗材普遍便宜一半以上，质量却不相上下，因此冲击了这些巨头的利润。为了抑制中国通用耗材企业的壮大，这些巨头利用其技术优势制造重重壁垒，甚至不惜高举专利大棒来保护自己的利益。"❶

综上所述，佳能提起诉讼的目的其实是限制中国的耗材企业在美国的市场份额，并收取高额的专利使用费。与此同时，佳能还针对不同的被申请人，在美国纽约南部地方法院提起了多个司法诉讼，使被申请人同时面临"337调查"和诉讼的双重压力，更有利于达成自己的目的。

（三）被申请人策略分析

佳能对爱斯达等多家企业提起"337调查"的同一天，在美国纽约南部地方法院提起了诉讼。无论是"337调查"还是司法程序，爱斯达均选择不应诉策略，最终两个案件均给出了缺席裁判结果，并发布了普遍排除令，涉案产品被禁止进入美国市场。

现如今国内许多学者在研究如何应对美国"337调查"案件对策时，都会认为积极应诉是非常必要的，❷似乎爱斯达此举并不明智，但编者认为对

---

❶ 王冰睿. 打印行业再演"巨人之战" 纳思达被佳能起诉二度遇难 [J].IT时代周刊,2010(14):49-50.
❷ 秦艺莹. 美国对华"337调查"影响及对策分析 [D]. 浙江大学,2019; 常天骄. 美国"337调查"对中国打印耗材出口的影响及对策 [J]. 辽宁工程技术大学学报(社会科学版),2013,15(06):605-608.

爱斯达来说，不应诉反而可能是最优解，理由如下。

首先，爱斯达在美国没有专利保护，败诉的概率较大。佳能对涉案产品"万向节齿轮"的相关美国专利申请多达 9 个，相关权利要求也有 600 多项。相比之下，爱斯达在国内申请的专利数量就不多，更没有向美国申请过相同专利，佳能胜诉的概率很大。除此之外，佳能占据美国市场份额大，进入美国市场的时间长，相比 2009 年才成立的爱斯达，其无论是在海外诉讼经验还是经济承受能力都优于爱斯达，选择应诉并不明智。

其次，爱斯达在市场营销收益与诉讼纠纷成本之间的平衡。爱斯达自成立以来一直放眼全球，其品牌产品已经出口全球 100 多个国家和地区，并先后设立了 8 个海外分公司，在全球近百个国家和地区拥有专门的品牌代理商。然而，爱斯达在国内却没有开展相应的业务。因此，与其花费大量的金钱和人力到漫长的诉讼过程中，还不如积极转战国内市场，换取更大的收益。而事实上，爱斯达也于 2019 年 5 月在广州市成立第一家国内分公司，并分别于 2020 年 1 月与苏宁易购达成战略合作，于 2020 年 5 月与京东慧采平台签约。这一系列举动都标志着爱斯达正式登陆国内市场，并且直接进入国内要求最高的政府采购和集团大客户采购领域。❶

三、案件小结

该案中，爱斯达的应诉策略代表了众多中小打印耗材企业的现实选择。调研发现，除了纳思达、天威飞马等打印耗材行业龙头企业在面对海外知识产权壁垒纠纷时，采取积极应对的态度外，大多数中小耗材企业面临巨额的应诉成本，往往采取缺席不应诉的策略，主动放弃涉案产品的市场份额，采取"换马甲"的策略继续生产和销售。这种策略符合企业当下的实际能力，但不利于企业的发展壮大。密切关注中小型企业遭遇海外知识产权贸易壁垒纠纷现状，提升其应对海外知识产权纠纷能力，是推动广东省打印耗材行业做大做强、提升行业整体竞争水平的迫切需要。

---

❶ 华冰. 珠海天威突破"337 调查"带来的启示 [N]. 中国贸易报, 2016-06-09(006).

第四节 337-TA-1106 案件分析

一、案情简介

2018年2月28日，佳能及其美国关联公司根据美国《1930年关税法》第337节规定向美国国际贸易委员会提出申请，指控珠海纳思达、天威飞马、江西亿铂电子科技有限公司（以下简称"江西亿铂"）等49家公司对美出口、在美进口及销售的特定墨盒及其组件涉嫌侵犯其9项美国专利。请求美国国际贸易委员会发布普遍排除令或有限排除令，并发布禁止令。

（一）当事人基本情况

1. 申请人

该案的申请人佳能简介详见本章第三节。

2. 被申请人

该案涉诉企业共有49家，其中中国公司14家，包括纳思达、江西亿铂、天威飞马和珠海诚威电子有限公司四大制造商及它们的销售商，以及一些未知产品来源的销售商（表7-9）。该案继续以纳思达为例，还原案件始末，分析被申请人的应对策略。

表7-9　337-TA-1106案广东涉案企业及应诉情况

企业名称	企业分布	应诉情况
纳思达股份有限公司 （Ninestar Corporation from China）	广东珠海	应诉
纳思达信息技术有限公司 （Ninestar Image Tech Limited of China）	广东珠海	应诉
中山研拓打印机设备有限公司 （Aster Graphics Co., Ltd. of China）	广东中山	应诉
天威飞马打印耗材有限公司 （Print-Rite Unicorn Image Products Co., Ltd.）	广东珠海	应诉

续表

企业名称	企业分布	应诉情况
珠海诚威电子有限公司及其关联子公司等 (Kingway Image Co., Ltd、Kingway Image Co., Ltd. d/b/a、Zhu Hai Kingway Image Co., Ltd. of China、Ourway Image Co., Ltd. of China、Zhuhai Aowei Electronics Co., Ltd. of China	广东珠海	缺席

（二）申请调查

2018年2月28日，佳能向美国国际贸易委员会提出了调查申请，主张被申请人对美出口、在美进口、在美销售的特定打印机碳粉盒及其组件侵犯了其在美注册的 US9746826、US9836021、US9841727、US9841728、US9841729、US9857764、US9857765、US9869960 和 US9874846 共9项专利的专利权，请求美国国际贸易委员会立案调查并发布普遍排除令、有限排除令及禁止令。

1. 涉案专利介绍

该案所涉及的9项专利均属于同族专利，涉及电子照相成像设备（如激光打印机）中的连接部件。该连接部件用于将动力从电子照相成像设备的传动轴传递至处理盒中的电子照相感光鼓单元。这些专利涉及的连接部件与感光鼓单元相连接，在处理盒安装、拆卸时，连接部件可以做一定程度的活动，使在与传动轴轴线大致垂直的方向安装、拆卸感光鼓单元及处理盒成为可能，不需改变传动轴与电子照相感光鼓单元间的相对距离。之后，佳能在2018年6月13日提交了修改的申请，要求撤回上述专利的部分权利要求，以简化调查过程，减少程序。2018年7月25日，佳能又提交动议，主动撤回 US9869960 的权利要求3及 US9874846 的权利要求2。最终，案件涉及专利名称及权利要求见表7-10。

第七章
广东省打印耗材行业应对美国"337调查"案例

表 7-10　337-1106 案所涉专利信息

专利号	专利名称	申请日	涉案权利要求
US9746826	处理盒、电子照相成像设备和电子照相感光鼓单元	2016 年 12 月 13 日	第 1、2、6 项
US9836021		2016 年 12 月 13 日	第 1、2、4、7、8、10、13、18、20 项
US9841729		2016 年 12 月 13 日	第 1、3、8、9、11、16、17、18、20、26 项
US9857764		2016 年 12 月 13 日	第 7、9 项
US9857765		2016 年 12 月 13 日	第 1、3、4、6、13、16、19 项
US9869960		2017 年 3 月 10 日	第 1、2—6 项
US9874846		2017 年 3 月 10 日	第 1、2、3 项

下面以 US9746826 专利的涉案权利要求 1 为例，介绍该案中涉案专利的技术要点。

该权利要求 1 为一种处理盒（包括外壳），包括以下三部分。

（1）开口及位于外壳外侧的与开口相邻的弧形突出物；

（2）感光鼓单元，所述感光鼓单元具有轴 L1 且可旋转地被支撑于所述外壳中，以允许绕其轴 L1 旋转；

（3）连接部件，所述连接部件具有轴 L2 且具有如下特征：与所述感光鼓单元连接的第一端部；具有至少一个向轴 L2 张开的突起的第二端部；连接第一端部和第二端部的连接部。连接部的至少部分到 L2 轴线的最大垂直距离比所述至少一个突起到 L2 轴线的距离短，并且其中所述第二端部的至少部分沿轴 L1 的方向延伸超过所述开口。其中，所述连接部件在①第一位置以及②第二位置之间移动；在所述第一位置，所述至少一个凸起的末端与所述感光鼓在沿轴 L1 方向上的距离为第一距离；在所述第二位置，所述至少一个凸起的所述末端与所述感光鼓在沿轴 L1 方向上的距离为第二距离，所述第一距离大于所述第二距离；并且其中所述弧形突出物仅沿所述连接部件延伸至一半。详见说明书附图 7-18。

在该案的涉案专利说明书的具体实施例中，连接部件都是以"倾斜"或旋转一定角度的方式，与成像设备中的传动轴接合或脱离。与第四章涉案专利不同的是，该案涉案专利的权利要求中并没有连接部件"倾斜""转动一定角度"等描述，相反，该案涉案专利的权利要求通过连接部件的端部和感光鼓或处理盒的位置固定的部件的距离的变化来描述该技术特征，从而在字面上扩大了权利要求的保护范围，将兼容耗材厂家的在第四章中的规避设计产品，例如连接部件沿轴 L1 运动的产品，都纳入了该案的涉案专利的范围。

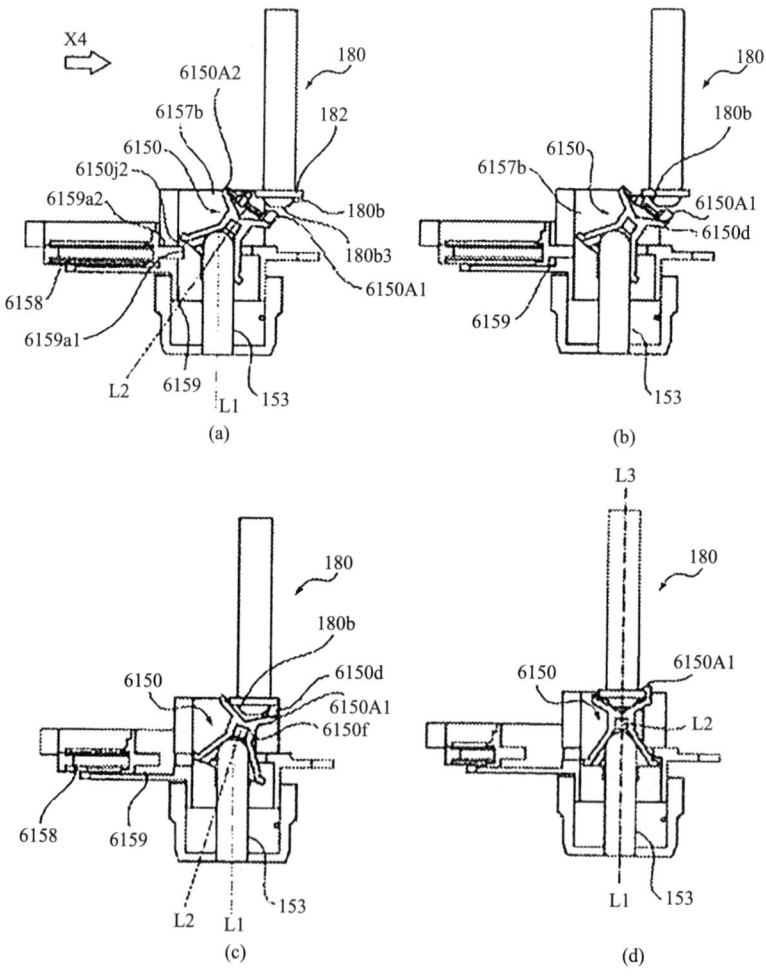

图 7-18　337-TA-1106 涉案专利说明书图例

2. 具体救济请求

佳能在申请中指出，被申请人在国外制造、为在美国进口和销售、在美国进口和/或进口后在美国境内销售特定打印机碳粉盒及其组件等，侵犯了 9 项（后佳能撤回 2 项变更为 7 项）涉案专利的不同权利要求。侵权行为包括以下 3 种。

（1）直接侵权行为。被申请人在美国销售及提供销售、在美国进口涉案产品，直接侵犯了涉案专利中的权利要求。

（2）间接侵权行为。被申请人向第三方的终端用户销售、指导其在指定型号打印机中使用涉案产品，其行为构成了终端用户直接侵犯、被申请人间接侵犯涉案专利。

（3）故意侵权行为。被申请人在完全清楚涉案产品的用户在指定型号打印机中使用涉案产品，也完全清楚涉案专利及他们自己侵权行为存在的情况下，依旧进行销售，构成了故意侵权。

佳能请求美国国际贸易委员会签发普遍排除令或有限排除令及停止令，禁止被控名单中的公司和所有相关公司在美国境内进行与侵权产品相关的进口、销售、分销和营销等行为。

（三）立案调查

2018 年 3 月 26 日，美国国际贸易委员会投票决定对特定打印机碳粉盒及其组件启动"337 调查"，案件号：337-TA-1106。

（四）被申请人应诉

纳思达在 2018 年 3 月 28 日，即美国国际贸易委员会确定对该案进行调查的第 3 天便发布了应诉通告，并委托了 2 家美国律所进行应对。

在一系列的调查取证后，纳思达提交答辩书，对佳能诉状中的每一项内容都进行了答复，否认了所有的侵权指控，并提出了不侵权抗辩、无效抗辩、专利权滥用、禁止反言等策略。此外，纳思达也提出了自己的救济请求，包括以下内容：

（1）否定申请人申请的任何救济手段；

（2）确定被申请人没有违反《美国法典》第19篇第1337节《美国1930年关税法》最新修正版第337条规定；

（3）确定被申请人没有任何不正当行为；

（4）确定被申请人没有侵犯与申请人所主张的专利有关的涉案权利要求；

（5）确定与申请人所主张的专利有关的涉案权利要求是无效的和不可执行的；

（6）确定美国没有与申请人所主张的专利有关的可保护的国内行业；

（7）确定申请人请求发布的排除令和其他救济手段不符合公共利益；

（8）驳回申请人诉求，终止调查；

（9）向被申请人授予该美国国际贸易委员会认为适当的进一步救济措施。

（五）调查过程

该案件从提出申请到最终裁定发布耗时近15个月，其调查过程见表7-11。

表7-11　337-TA-1106案调查过程

时间	调查过程
2018年2月28日	佳能向美国国际贸易委员会提交诉状
2018年3月26日	美国国际贸易委员会立案，确定案号为"337-TA-1106"，纳思达、中国香港Apex Microtech公司、中国香港天威飞马控股公司、珠海诚威电子有限公司及关联公司、中山研拓打印机设备有限公司、中国香港BoZe等多家公司被列为指定应诉方
2018年5月2日	美国国际贸易委员会做出初裁（Order No.11），裁定包括中国香港BoZe（经营名称为Greensky of New Kowloon,Hong Kong）在内的12家企业缺席
2018年6月20日	美国国际贸易委员会发布公告称，对该案行政法官于2018年5月2日作出的初裁（Order No.11）不予复审，即12家企业为缺席被申请人
2018年6月28日	美国国际贸易委员会做出初裁，同意申请人佳能对于调查申请的修改，并终止了对中山研拓打印机设备有限公司的调查，以及撤回的专利及权利要求的调查
2018年7月11日	美国国际贸易委员会做出初裁，裁定包括中国广东珠海诚威电子有限公司及关联公司在内的13家企业缺席

续表

时间	调查过程
2018年7月26日	美国国际贸易委员会做出初裁，同意佳能关于撤回两项权利要求的动议
2018年10月2日	美国国际贸易委员会发布公告称，对该案行政法官于2018年9月14日做出的初裁（Order No. 26）不予复审，即三家企业为缺席被申请人，其中包括珠海诚威电子有限公司及关联公司
2018年10月22日	美国国际贸易委员会做出初裁，停止对天威飞马的调查
2018年10月25日	美国国际贸易委员会发布公告称，对该案行政法官于2018年10月1日作出的初裁（Order No. 28）不予复审，基于申请方撤回，终止对中国香港Apex（Apex Microtech Ltd. of Hong Kong）的调查
2018年11月16日	美国国际贸易委员会做出初裁，同意佳能关于撤回部分权利要求的动议
2019年2月28日	美国国际贸易委员会发布马克曼听证结果，行政法官对权利要求的解释对被申请人有利
2019年3月13日	美国国际贸易委员会做出初裁，被申请人不侵权，停止整个调查（Order No. 40）
2019年5月20日	美国国际贸易委员会发布公告称，对特定打印机碳粉盒及其组件（调查编码：337-TA-1106）作出"337调查"部分终裁：对该案行政法官于2019年3月13日作出的初裁（Order No. 40）不予复审，即不存在侵犯知识产权的行为并终止案件调查

（六）初裁和终裁

美国国际贸易委员会在马克曼听证会后明确了对相关专利权利的解释，并发布了第38号命令，行政法官做出的对"连接""可移动"等词语的释义偏向于纳思达的立场。

2019年3月13日，美国国际贸易委员会发布初裁通知，认定纳思达等被申请人不存在侵权行为并停止该案调查。

2019年5月20日，美国国际贸易委员会发布终裁决定，驳回了佳能的复审要求并维持初裁判定。

二、案例点评

在本次"337调查"中，申请人佳能和被申请人纳思达、中山研拓打印机设备有限公司和天威飞马等公司都投入了大量的人力、物力和财力。在这场经典的"337调查"实战中，申请人和被申请人双方都采取了各自的策略来维护自身利益，以期在这场博弈中获得胜利。

（一）申请人策略分析

1. 发起目的

佳能屡次发起"337调查"的目的主要有两方面：一方面，佳能作为打印行业巨头，其掌握了大量核心专利技术，因此必然会选择通过法律途径保护其专利权；另一方面，佳能希望通过这种方式打压竞争对手，从而达到保护其市场份额的目的。

2. 申诉时机

佳能选择在这个时候发起针对纳思达等公司的"337调查"，有其充分的考虑。

（1）过往"337调查"成功打击了对手。2010年和2014年佳能先后通过337-TA-731和337-TA-918对纳思达等公司发起了2起"337调查"，取得了满意的结果。

（2）纳思达一系列进攻策略威胁到自身的利益。如2016年，纳思达顺利完成对美国打印机行业巨头利盟的收购；2017年，纳思达又收购了珠海欣威科技有限公司、拓佳科技有限公司、珠海中润靖杰打印科技有限公司等同行，并成功上市。纳思达通过资本运作，公司市值从200多亿元人民币一度上涨至千亿元人民币，加速了其在专利技术领域的投入和全球市场布局。

（3）佳能的全球市场份额逐渐萎缩。据全球著名的信息技术数据公司IDC所提供的全球季度打印复印设备市场数据，2018年一季度，佳能单位出货量同比减少3.1%，全球市场份额由2017年一季度的19.4%下降到18.5%（表7-12）。佳能的市场销售情形不容乐观，也是其发动"337调查"的原因之一。

(4)巧妙选择时间点，攻其不备。佳能选择在 2018 年 2 月 28 日提起申诉，恰逢中国新春假期，意图使被申请人措手不及。

表 7-12　2018 年第一季度全球打印复印设备市场份额排名

公司名称	2018Q1 出货量/台	2018Q1 市场份额/%	2017Q1 出货量/台	2017Q1 市场份额/%	增长率（同比）/%
惠普	9733802	40.90	9345545	40.00	4.20
爱普生	4443154	18.70	4206139	18.00	5.60
佳能	4392299	18.50	4531396	19.40	−3.10
兄弟	1783247	7.50	1787254	7.60	−0.20
京瓷	546610	2.30	524978	2.20	4.10
其他	2892136	12.20	2996617	12.80	−3.50
总计	23791248	100.00	23391929	100.00	1.70

数据来源：IDC 官方网站。

3. 专利储备

佳能在全球主要市场国家和打印耗材领域均有丰富的专利储备，涉案专利的同族专利数十分庞大，可见佳能对于相似技术的保护十分全面，形成了专利池效应（表 7-13）。

表 7-13　337-TA-1106 案涉案专利的同族专利统计

涉案专利	简单同族/项	INPADOC 同族/项
US9746826	121	121
US9836021	121	121
US9841727	121	121
US9841728	121	121
US9841729	121	121
US9857764	121	121
US9857765	121	121
US9869960	121	121
US9874846	121	121

4. 关注争辩焦点

通过分析佳能调查申请和纳思达方的答辩书可以发现，申请人和被申请人之间争论的焦点集中在对专利的专业术语的解释上，主要体现在以下五个方面。

术语 1："耦合元件可在（i）第一位置和（ii）第二位置移动。在第一位置，至少一个凸出部位的顶端沿轴 L1 方向与感光鼓相距的距离为第一距离；而在第二位置，至少一个凸出部位的顶端沿轴 L1 方向与感光鼓相距的距离为第二距离。"

佳能提议的解释：这一术语应以其浅易普通的含义为准，无须给予解释。根据其浅易普通的含义，耦合元件在第一位置和第二位置间的移动不一定是转动或倾斜性移动。其浅易普通的含义还意味着并不要求所指"第一位置"实质上是共轴位置，也不要求所指"第二位置"是"倾斜情形下的预啮合位置或脱离接触位置"。

纳思达提议的解释：耦合元件可在（i）实质上的共轴啮合位置和（ii）倾斜面上的预啮合位置或脱离接触位置，在前一位置，至少一个凸出部位的顶端（沿轴 L2 方向，大体上与轴 L1 方向平行）与感光鼓相距的距离为第一距离，而在后一位置，至少一个凸出部位的顶端（沿想象中的轴 L1 延长线方向，因为轴 L2 不再共轴了）。

术语 2："轴 L2"。

佳能提议的解释：这一术语以其浅易普通的含义为准，无须加以解释。根据这种浅易普通的含义，轴 L2 相对于轴 L1 有一定的倾斜度。另一种方式：将其看作一条想象中的线，而耦合元件正是绕着这条线转动的，或将其看作耦合元件的轴。

纳思达提议的解释：沿耦合元件中心的轴，在预啮合和脱离接触过程中会有一个相对于轴 L1 的倾斜度。

术语 3："连接"。

佳能提议的解释：这一术语以其浅易普通的含义为准，无须加以解释。

根据这种浅易普通的含义，耦合元件应连接到感光鼓，并确保耦合元件与感光鼓之间有一定的倾斜度。

纳思达提议的解释：连接【到感光鼓】，并确保其在共轴位置和倾斜位置之间的移动。

术语 4："【耦合元件拥有 / 包括】第一端【部】，至少有一部分位于鼓缘内"

佳能提议的解释：这一术语以其浅易普通的含义为准，无须加以解释。被告和调查人员提议的解释是不适当的。

纳思达提议的解释：【耦合元件拥有 / 包括】第一端【部】，至少有一部分位于鼓缘内；轴 L2 也是其组成部分。

术语 5："至少有一个凸出部位面向轴 L2"。

佳能提议的解释：这一术语以其浅易普通的含义为准，无须加以解释。根据这种浅易普通的含义，该凸出部位的内表面各点与轴 L2 的距离是一致的，且它们与轴 L2 是无限平行延伸的。另一个选择：耦合元件不得有任何部分位于至少一个凸出部位和轴 L2 之间。

纳思达提议的解释：至少有一个凸出部位，且其拥有的内表面各点与轴 L2 的距离相等，且以与轴 L2 平行的方向延伸。

鉴于申请人与被申请人的以上争议，美国国际贸易委员会举行了马克曼听证会（也称为"权利要求书的解释"），行政法官听取申请人与被申请人双方的陈述，并最终由行政法官做出释义。其最终释义的主要依据是专利权利要求书，专利说明书及专利审查过程这些"内在证据"。

判定一个专利是否被侵权包括两步过程：第一，必须解释涉案权利要求保护范围（马克曼听证会）；第二，将指控产品与权利要求解释对比来确定其是否包括权利要求的每一个限定，包括完全相同或充分等同。因此，马克曼听证会及其后续处理是非常关键的。

5. 合理利用程序优势

据统计，"337 调查"平均结案周期仅为 14.8 个月，与普通的专利侵权诉讼案件动辄几年的审理周期相比，"337调查"审理周期之短使其具有非常高的时效性。由于审查周期较短、缺乏应对经验、应诉费用高昂等原因，被申请人往往仓促应对，由于准备不充分导致被申请人方只能被迫选择与申请人方和解，某些企业甚至未能应诉导致缺席审判，最终败诉。因此，美国企业愈加频繁地采用"337调查"作为对美国以外竞争对手的有效打击和压制手段。

在整个"337调查"过程中，申请人与被申请人的心态是完全不同的，申请人往往希望能够缩短对方的答复时间，并增加对方的取证难度，从而缩短调查周期以尽快结案，被申请人的态度则与之相反。因此，在该案整个"337调查"过程中，被申请人在及时应诉后，均多次请求中止或终止调查的动议、请求修改程序时间和对最终裁定日期进行延期的联合动议等。申请人佳能在案件调查过程中，也要求撤回部分专利的部分权利要求，以简化调查过程、缩减程序，尽可能减少被申请人的取证时间。

6. 寻求复审支持

2019年3月13日，美国国际贸易委员会做出关于授权简易断定不侵权和终止全部调查的动议的初始决定，裁定纳思达不侵权。

2019年3月25日，佳能提请美国国际贸易委员会审查关于授权简易断定不侵权性质和终止全部调查的动议的初始决定，理由如下。

一是鉴于行政法官注意到佳能否认非转动型耦合件术语涉案权利要求范围，拒绝采纳被告对术语2（"轴L2"）的解释显然是错误的。

二是鉴于行政法官注意到佳能否认非转动型耦合件术语涉案权利要求范围，行政法官拒绝采纳被告对术语3（"连接"）的解释显然是错误的。美国国际贸易委员会最终同意对部分裁定结果进行复审。

尽管最终结果仍不理想，但是佳能还是通过表达自己的合理诉求得到了美国国际贸易委员会一定程度的支持，与此同时也对场外的舆论、谈判和其他诉讼调查结果产生了一定的影响。

（二）被申请人策略分析

1. 积极应诉

纳思达在收到美国国际贸易委员会的立案公告和佳能的调查申请后，第一时间便发布了应诉通知，并在一系列的调查取证后，在不到一个月的时间内，提交了答辩书，对佳能诉状中的每一项内容都进行了答复，否认了所有的侵权指控，并在答复中提出自己的抗辩主张和救济请求。能够如此迅速地响应，短时间内针对涉案专利获取大量用于证明涉案产品对涉案专利权利无侵权行为的证据和理由，体现了纳思达内部高效的运作和完善的知识产权诉讼应对策略。

2. 多种策略进行抗辩

面对佳能发起的"337调查"申请，寻求对手涉案专利的瑕疵并且寻求无效是一种普遍的手段。纳思达在此次调查中，针对涉案专利权利提交了多份证据，采取了多种策略进行抗辩。主要包括以下内容。

（1）提出未有不正当的行为/未参与不正当的竞争。纳思达强调，自己从未有不正当的行为，也从未参与不正当竞争。

（2）进行无侵权行为抗辩。纳思达坚称，从未直接或间接侵犯与佳能所主张的专利有关的任何合法有效且可执行的权利主张，也从未涉及这类侵权或引诱侵权行为。无论这种侵权是严格意义上的还是基于等同原则认定的，被申请人从未有过其他任何违反《美国法典》第35篇第271节或《美国法典》第19篇第1337节规定的行为。

（3）进行无效抗辩。纳思达认为，与申请人所主张的专利有关的涉案权利要求是无效的，因为这些涉案权利要求不符合《美国法典》第35篇第102节、第103节和/或第112节规定的美国专利法规有关专利权问题的规定，且被申请人对现有技术和潜在辩护词的调查现仍在进行中。

（4）主张首次销售原则（专利权用尽原则）和维修的默示许可权抗辩。首次销售原则（专利权用尽原则）是指受知识产权保护的产品经权利人本人或其同意售出后，权利人不得再就该产品后续的使用或流转主张权利，即权利人的权利已耗尽，后续的行为不视为侵权。默示许可权是指在一定情形之下，专利权人以其非明确许可的默示行为，让被控侵权人专利使用人产生了允许使用其专利的合理信赖从而成立的一种专利许可权利。根据上述原则和权利，纳思达制造、进口和销售改进的碳粉盒是合法的。

（5）进行专利权滥用抗辩。鉴于专利权滥用的事实，与申请人所主张的专利有关的涉案权利要求是无效的和不可执行的。申请人违反有关规定，试图通过执行其主张的专利等方式扩大该专利的保护范围，这是一种反竞争行为，旨在限制与改进和维修墨盒有关的合法行为。

（6）进行禁止反言原则抗辩。佳能的过往的举措足以使人认为，佳能无意就其涉案专利纠纷对被申请人提出权利声明。故在本项调查中，申请人不得以其与纳思达以前的交易（包括和解）为由对纳思达主张专利。

（7）进行缺乏国内行业抗辩。被申请人认为在美国尚不存在申请人所述的第337条定义的可保护行业，也没有建立的迹象。在这种情况下，申请人不能在技术方面就国内行业要求确立令其满意的标准。

（8）采纳其他申请人的辩护理由。被申请人可通过援引方式将其他被申请人在本诉讼中提出的辩护理由作为己方的辩护理由，并保有本项调查过程中发现的其他任何辩护理由。

纳思达通过以上多种策略，从不同角度进行反击，取得了有利的结果。

3. 聘请专业的律师团队

该案中，纳思达聘请了孖士打（MAYER BROWN）和MEI & MARK公司两家律师事务所为其提供法律服务。MAYER BROWN公司是全球知名律所，多次荣登钱伯斯亚太排名榜；MEI & MARK公司被《美国律师》杂志评为美国五百强公司推荐的优秀律师事务所（Go-To Law Firms for Top 500 Companies），也是中国商务部推荐的一家美国律师事务所，多次代理中国企业应诉美国"337调查"案件，并取得不菲成绩。专业的国际化团队为其打赢海外知识产权案件提供了坚实基础。

三、案件小结

纳思达继 2006 年第一起"337 调查"案件后,相继又遭遇了 5 起"337 调查"案件。在应对海外知识产权贸易壁垒纠纷案件的过程中,纳思达一方面积累了丰富的应对海外知识产权贸易壁垒纠纷案件的经验;另一方面通过加大研发投入、收购行业领先技术及兼并整合产业链等举措,提升自主创新能力,突破技术壁垒,加快专利全球布局,构建专利风险管控生态体系,快速发展成为国内打印行业的龙头企业。纳思达不仅在耗材上占据较大市场份额,同时也在激光打印机、3D 打印、医疗等领域取得了丰硕的成果。该案中,纳思达坚持一贯积极应诉的策略,聘请国际律所参与应诉,采取多种应诉策略,最终,美国国际贸易委员会做出了不侵权的裁决。纳思达一战成名,在国际打印设备和耗材市场上打响了自己的品牌。

参考文献

[1] 汪洪，郭雯.337调查与应对——北京企业涉案案例分析及启示[M].北京：知识产权出版社,2017: 247.

[2] 世界知识产权组织.知识产权指南——政策、法律及应用[M].北京：知识产权出版社,2012.

[3] 冯晓青.全球化与知识产权保护[M].北京：中国政法大学出版社,2008.

[4] 徐元.知识产权贸易壁垒研究[M].中国社会科学出版社,2012:36.

[6] 代中强.知识产权调查引致的贸易壁垒：形成机理、效应及预警机制研究[M].北京：知识产权出版社，2018.

[7] 国家知识产权局专利局专利审查协作江苏中心.移动通信领域美国知识产权诉讼研究[M].北京：知识产权出版社，2018.

[8] 钟山.美国337调查规则、实务与案例[M].北京：知识产权出版社，2012.

[9] 欧洲专利局，欧盟内部市场协调局.知识产权密集型产业对欧盟经济及就业的贡献[M].尹怡然，译.北京：知识产权出版社，2014.

[10] 张平.产业利益的博弈：美国337调查[M].北京：法律出版社，2010.

[11] 张宇枢.跨国专利诉讼手册[M].北京：北京大学出版社，2018.

[12] 单晓光，江清云.欧洲知识产权典型案例[M].北京：知识产权出版社，2011.

[13]《国家知识产权战略纲要辅导读本》编委会.《国家知识产权战略纲要》辅导读本[M].北京：知识产权出版社,2008:411-412.

[14] 冉瑞雪. 337 调查突围：写给中国企业的应诉指南 [M]. 知识产权出版社, 2015:100-101.

[15] 杨虹, 张柯. 技术性贸易壁垒对中国电子行业出口的影响研究——基于中美贸易引力模型的实证分析 [J]. 价格月刊, 2020(04).

[16] 冯晓玲, 张雪. 中美贸易摩擦背景下的中国知识产权战略 [J]. 国际贸易, 2019(01).

[17] 金明浩. 中国企业海外知识产权纠纷应对机制分析 [J]. 湖北社会科学, 2018(02).

[18] 李清, 刘莹. 逆全球化背景下美国 337 调查新趋势及应对新策略 [J]. 对外经贸实务, 2018(02).

[19] 王亚星, 李峰. 如何跨越贸易壁垒——基于出口技术复杂度视角的研究 [J]. 国际商务研究, 2018(01).

[20] 蔡静静, 何海燕, 李思奇, 等. 技术性贸易壁垒与中国高技术产品出口——基于扩展贸易引力模型的经验分析 [J]. 工业技术经济, 2017(10).

[21] 陈思萌. 出口模式与贸易摩擦：基于引力模型的中德比较分析 [J]. 世界经济与政治论坛, 2015(02).

[22] 张彬, 桑百川. 中美技术密集型产品双边贸易研究——显性比较优势、产业内贸易与贸易平衡研究 [J]. 亚太经济, 2015(01).

[23] 徐元. 美国知识产权强保护政策的国际政治经济学分析——基于霸权稳定论的视角 [J]. 宏观经济研究, 2014(04).

[24] 李扬, 刘影. FRAND 标准必要专利许可使用费的计算——以中美相关案件比较为视角 [J]. 科技与法律, 2014(05).

[25] 刘嘉琪. 美国知识产权壁垒对中国技术密集型产品出口的影响研究 [D]. 江西财经大学, 2019.

[26] 方君兰. 知识产权壁垒对我国高技术产品出口的影响研究 [D]. 首都经济贸易大学, 2011.

[27] 董海珍. 知识产权壁垒对我国经济的影响及应对策略研究 [D]. 武汉工程大学, 2017.

[28] 赵艳玲. 我国出口遭受知识产权贸易壁垒及应对策略研究 [D]. 湖北工业大学, 2013.

[29] 张国玲. 我国企业海外知识产权风险预警机制研究 [D]. 武汉工程大学, 2017.

[30] 秦艺莹. 美国对华"337 调查"影响及对策分析 [D]. 浙江大学, 2019;

[31] 常天骄. 美国 337 调查对中国打印耗材出口的影响及对策 [J]. 辽宁工程技术大学学报 (社会科学版), 2013, 15(06):605-608.

[32] Zhu Xiangdong, He Canfei, Gu Zhutong. How do local policies and trade barriers reshape the export of Chinese photovoltaic products?[J]. Journal of Cleaner Production, 2021, 278.

[33] DINCER N N, TEKIN-KORU A. The effect of border barriers to services trade on goods trade[J]. The World Economy, 2020, 43(8).

[34] YOOJIN C, GYO K M. Who Embraces Technical Barriers to Trade? The Case of European REACH Regulations[J]. World Trade Review, 2020, 20(1).

[35] SELEN U. Why do countries use temporary trade barriers?[J]. Applied Economics Letters, 2020, 27(6).

[36] REYES-HEROLES R, TRAIBERMAN S, LEEMPUT E V. Emerging Markets and the New Geography of Trade: The Effects of Rising Trade Barriers[J]. IMF Economic Review, 2020, 68(3).

[37] Ling Feng, Li Zhiyuan, SWENSON D L. Trade Policy Uncertainty and Exports: Evidence from China's WTO Accession[J]. Journal of International Economics, 2017，106：20-36

[38] HANDLEY K, LIMAO N. Trade and Investment under Policy Uncertainty: Theory and Firm Evidence[J]. American Economic Journal: Economic Policy. 2015(4).

[39] HANDLEY K. Exporting under trade policy uncertainty: Theory and evidence[J].Journal of International Economics. 2014(1).

[40] HUMMELS D, KLENOW P J..The Variety and Quality of a Nation's

Exports[J]. The American Economic Review. 2005(3)

[41] ANDERSON J E, WINCOOP E V. Gravity with Gravitas: A Solution to the Border Puzzle[J]. The American Economic Review. 2003(1)

[42] DIXIT A. Entry and Exit Decisions under Uncertainty[J]. Journal of Political Economy. 1989(3)

[43] ANNUAL INTELLECTUAL PROPERTY REPORT TO CONGRESS[M/OL].(2021-01-04)[2021-02-22].https://trumpwhitehouse.archives.gov/wp-content/uploads/2021/01/IPEC-Annual-Intellectual-Property-Report-January-2021.pdf.

[44] INTERNATIONAL INTELLECTUAL PEOPERTY ALLIANCE.2020 Special 301 Report[R/OL]. (2020-02-06)[2021-02-22].https://iipa.org/files/uploads/2020/02/2020SPEC301REPORT.pdf.

[45] United States Patent and Trademark Office 2018–2022 STRATEGIC PLAN[R/OL].[2021-02-22]https://www.uspto.gov/sites/default/files/documents/USPTO_2018-2022_Strategic_Plan.pdf.

[46] 广东省统计局，国家统计局广东调查总队.2020年广东省国民经济和社会发展统计公报[R/OL].[2021-0301].http://stats.gd.gov.cn/tjgb/content/post_3232254.html

[47] 国家知识产权局.知识产权统计简报[N/OL].2020(05)[2021-02-22].http://www.sipo.gov.cn/docs/20200417144011733485.pdf.

[48] 广东省市场监督管理局.2020年广东省知识产权统计数据[N/OL].[2021-04-26].http://amr.gd.gov.cn/zwgk/sjfb/xsfx/content/post_3270385.html.